JN438584

# 한국베이비박스문인협회가 걸어온 길

▶ 2015년 1월 24일, 수안보 상록호텔 ◀

『베이비박스에 희망을 싣고』 제1집 출판기념회

제1집 출판기념회에 참석하여 주신 정병옥 사모님 및 내빈 여러분

▶ 2016년 1월 26일, 수안보 상록호텔 ◀

『베이비박스에 희망을 싣고』
제2집 출판기념회
케이크 커팅

『베이비박스에 희망을 싣고』
제2집 참가 시인 및
홍보위원 기념촬영

▶ 2016년 3월 5일, 대전 예지원 ◀

한국베이비박스문인협회
정기회

『베이비박스에 희망을 싣고』
제3집 준비를 위한
연석회의

▶ 2016년 11월 13일 주사랑공동체교회 ◀

주사랑공동체교회 방문

이종락 목사님,
조태승 목사님과 간담회

## ▶ 2016년 11월 13일 주사랑공동체교회 ◀

주사랑공동체교회
사역을 설명해주시는
이종락 목사님

주사랑공동체교회
식당에서 받은 식사 대접

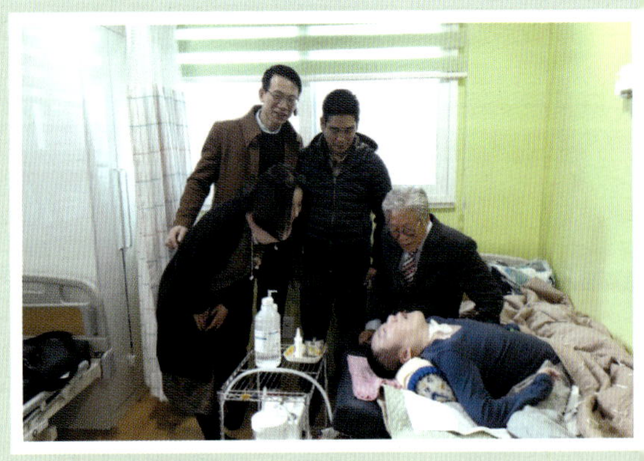

이종락 목사님과
목사님의 친아들(30세)

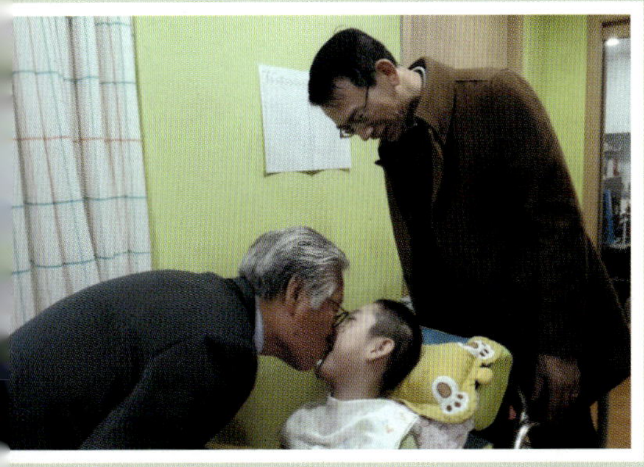

이종락 목사님과
입양한 자녀와의
행복한 모습

난곡동 베이비박스 앞에
선 시인 일동

베이비박스 앞에 있는
비탈길

## ▶ 2016년 11월 13일 주사랑공동체교회 ◀

베이비룸으로 들어가는
입구에서 시인 일동

아이들이 시설로 가기 전에
머무는 보금자리

베이비박스 사역을
설명해주시는
조태승 목사님

희망의 상자 '베이비박스'

상자가 열리자 눈시울이
뜨거워진 장선호 시인

베이비박스 2층에서
홍보 및 지원 방향을
논의하는 시인 일동

'베이비박스' 방문에
동행하지 못했지만
제3집에 참여한 시인님들

추억의 사진으로 기억되기를 소망한다

# 베이비박스에 희망을 싣고

**- 제3집 -**

한국베이비박스문인협회

고은주 권희건 김숙현 김장미 김정오
도현미 문문자 서수정 선지현 손장순
신현각 우현식 유세현 윤봉덕 이경상
이미선 이원구 장선호 정이란 최정호

시집 한 권 값이면, 천사들이 먹을 분유가 생깁니다.
이 시집을 구입하시면 행복바이러스에 전염됩니다.

# 베이비박스에 희망을 싣고 - 제3집 -

한국베이비박스문인협회

도서출판 천우

## | 머리말 |

세상에서 가장 슬픈 상자를 아시나요. 버려지는 아기들을 보호하기 위해 마련된 박스로 아기를 키울 수 없는 부모가 아기를 두고 갈 수 있도록 한 '베이비박스'.

우리나라에서는 국가적인 지원이 없어 교회에서 자체적으로 운영되고 있습니다. 최초로 베이비박스를 도입한 곳은 서울 주사랑공동체교회입니다. 서울시 관악구 난곡동에서 운영 중이며 2009년 생긴 이후 6년 동안 이곳에는 1,050여 명의 아이가 들어왔습니다. 2014년부터는 군포 새가나안교회에서 우리나라에서 두 번째로 베이비박스를 설치해 운영해 오고 있습니다.

이런 안타까운 현실을 세상에 알리기 위해 문학세계문인회 출신 20인의 시인들이 한국베이비박스문인협회를 결성하고 희망시집 1, 2집에 이어 올해도 변함없이 『베이비박스에 희망을 싣고』 제3집을 출판하여 베이비박스의 슬픈 현실을 세상에 알리고 아이들에게 희망의 빛을 선물하고자 합니다.

사회에서는 찬반 논란이 일고 있지만 누군가는 해야 할 일이기에 시인들이 펜을 들고 앞장섭니다. 이 땅에 태어난 아이들 모두가 행복한 세상을 꿈꾸며 버려지고 유기되는 아이들이 없기를 소망하며 우리의 모임이 해체되는 날이 빨리

왔으면 좋겠습니다. 이 시집 한 권에 시인들의 간절한 기도와 소망을 담았습니다.

아가의 울먹임은 하늘의 비(悲)애(哀)런가
엄마의 품속인양 시인의 품에 안겨
세상의 따스한 정을 온몸으로 감싼다

모정을 잉태하는 한 권의 시집 속에
간절한 어미 마음 애틋함 고이 품고
시인은 눈물이 섞인 자장가를 부른다

시인들의 자장가로 잠든 아이들이 깨었을 때는 희망과 소망의 날이 밝아 오기를 소망해 봅니다. 동참해주신 시인님들, 베이비박스를 위해 봉사하시는 모든 분들에게 진심으로 감사드립니다.

2016년 12월
대표 淸雨 장선호

한국베이비박스문인협회의 『베이비박스에 희망을 싣고』 3집 출간을 진심으로 축하드립니다. 두세 사람이 한 번 마음을 모으기도 쉽지 않은데, 이십여 명의 시인이 같은 목적을 가지고 세 번이나 마음을 모으셨다니 그 정성과 열정에 경의를 표할 뿐입니다. 더욱이 시인 한 분 한 분이 희망전도사가 되어 베이비박스를 세상에 알리고 생명의 소중함을 전파하심에 깊은 감사를 드립니다.

지금도 많은 미혼모들이 인생의 막다른 골목으로 내몰려지고 있고 아기들은 차디찬 길바닥에 버려지고 있습니다. 마땅히 이들을 품어야 할 사람들은 법과 제도의 한계 또는 문제만을 이야기하며 해야 할 일을 외면하고 있습니다.

사람의 마음을 움직이고 세상을 변화시키는 방법이야 여러 가지가 있겠지만 오늘날과 같은 감성의 시대에 시인들의 마음이 담긴 시 한 편 한 편은 더욱 큰 울림이 되리라 생각됩니다. 다시 한번 3집 출간을 축하드리며, 이 시집이 아기들이 맞이할 이번 겨울을 따뜻하게 하고 사람들의 굳어진 마음을 부드럽게 하길 기대합니다.

주사랑공동체 대표

이종락 목사

## 고은주 20



## 권희건 28

## 김숙현 40



## 김장미 52

## 김정오 65



## 도현미 77

## 문문자 88



## 서수정 99

## 선지현 109



## 손장순 118

## 신현각 125



## 우현식 131

## 유세현 139



## 윤봉덕 150

## 이경상 161



## 이미선 174

## 이원구 185



## 장선호 193

## 정이란 202



## 최정호 213



## 서평 김전 222

영혼을 밝히는 소리, 한 줄기 빛이 되다

“

시집 한 권 값이면,
천사들이 먹을 분유가 생깁니다.
이 시집을 구입하시면
행복바이러스에 전염됩니다.

”

# 베이비박스에
# 희망을 싣고

[제3집]

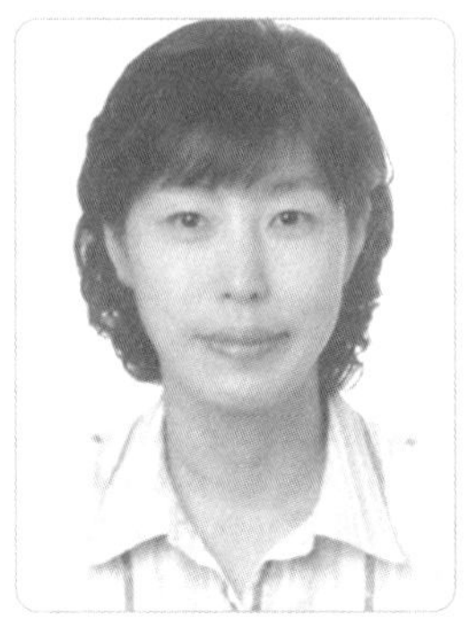

# 고은주

E-mail : solbeolgang@hanmail.net

**작품**

- 엄마의 뜰
- 슬픈 소리
- 별
- 달밤
- 물 이야기
- 웅덩이

**프로필**

- 전북대학교 국어국문학과 졸업
- 월간 『문학세계』 등단(2015년)
- 문학세계문인회 정회원
- 전북문인협회 회원
- 착각의 시학 회원
- 공저 『하늘비 산방』(제7호) 『전북문단』 『문맥』

# 엄마의 뜰

뜰 한편
잠시 빌려 쓰고 갈게요

봉숭아 과꽃 백일홍 참나리
키 작은 채송화 줄줄이 피어나는
여름 한 뜰

악쓰고 우는
매미도 순간순간
외로웠겠지요

그리움은 각자의 몫이라는
젖은 바람의 말

노랑나비 한 마리
다가와

뜰 한편
잠시 빌려 써도 되나요

마른바람도
노랗게 출렁이며
꽃그늘도 빌려 주시나요

# 달밤

창문 넘어서는 달빛
문을 열고 달을 들인다

내 잠을 갉아먹고 크는
배부른 보름달 다가와
내 품에 꼭 안긴다

순백의 소금꽃으로 피는 달밤
한 생 다함을 알고 떠나야 하는
짭조름한 풀벌레 울음으로
영그는 달밤

# 슬픈 소리

터—엉
천 길 낭떠러지 아래
사금파리처럼 깨진 사랑
까마득한 어둠의 상자 속으로
던져지는 이별의 소리

별빛 한 줄기
후미진 골목길 길게 늘어지는
가느다란 길고양이 울음소리

조용하던 베이비박스
벌겋게 달아오른 아기의 울음소리
깜깜한 상자 속 어둠을 핥고 있다

따뜻한 품에 안기지 못하고
천륜의 끈이 잘려버린
때 아닌 씨앗들
난곡동 베이비박스에 떨어지는 소리

두고 돌아서는 발자국 소리
밤이 내린 스산한 골목길
후두둑 떨어지는 빗방울들이
거미줄에 걸려 밤새 대롱거린다

# 물 이야기

움푹 패인 땅
슬며시 발자국 놓고 가버린
그들의 뒷모습 보았나요

오던 길 뒤돌아보지 않고 유유히
머뭇거림 없이 맘 가는 대로
쉼 없이 가는 물
바라보고 있나요

지금 이 길
거친 바윗돌에 튕겨 부서지고
소용돌이에 휩쓸려 자빠지고
길 끊긴 절벽 괜찮은 걸까
허공을 향해 길을 내는
겁 없는 물줄기 폭포가 되어 이룬
오랜 물의 꿈 이야기
듣고 있나요

투명한 애벌레처럼
땅을 기던 몸뚱이
오색 날개 돋아 하늘을 나는

꿈을 이룬 물의 웃음소리
듣고 있나요

때로는 비워내지 못해
넘치는 물의 허물들도
본 적 있나요

가끔은 우리
실지렁이처럼 마른 땅 흘러가는
가녀린 물의 넋두리도
들어보아요

# 별

하늘에
뿌려 둔 꽃씨
봄
여름
가을
그리고 겨울
넘어도 지지 않는 꽃
밤이면 초롱초롱
꽃등으로 핀다!

# 웅덩이

무너져 내린 가슴에
부드런 빗물이 소리 없이
스르르 다가와 머문다

흙탕물 잠잠히 시간에 고인
맑은 땅의 영혼
눈을 뜬다

슬며시 내려 온 하늘
조용히 건너 온
바람 한 줄기

무너져 내린 가슴
외롭지 않다

# 몽블랑 권희건

## 작품

- 베이비박스
- 시선
- 임 가시는 길
- 황혼
- 능소화
- 부끄러운 생일
- 봄처럼

## 프로필

- 경남 창녕 출생
- 계간 『시세계』 등단(2015년)
- 문학세계문인회 정회원
- 한국베이비박스문인협회 회원
- 그루터기에 앉아 쉬는 바람 동인
- 책 속의 한 줄 희망 동인
- 공저 『베이비박스에 희망을 싣고』

# 베이비박스

엄마 추워
여기가 어디야
미안해, 미안해

엄마 배고파
젖 줘요
사랑해, 사랑해

엄마 무서워
밝은 곳으로 가
그르자, 그르자

엄마 어디 가
함께 있으면 안 돼
어떻게, 어떻게

엄마 왜 그래
이별은 왜 해
아가야, 아가야

엄마 왜 울어
정말 버릴 거야
흐 흑! 흐 흑!

피를 끊고, 살을 갈라
생이별하는구나

선택이 아닌 숙명임을
어찌 모르는가

# 능소화

낮 길고 밤 짧아 서러운 새벽
임 찾는 새소리 높아가고
동침 깨운 은빛 햇살 내리면
돋음 발 토담 넘어 고개 내민
능소화야, 능소화야
분홍빛 붉은 입술로
오시는 임 인사 한 번
가시는 임 인사 두 번
하지(夏至) 볕 따가운 해살에도
수줍은 듯 가녀린 미소로
겸손한 청렴 그 뜻 품어 안고
긴긴 여름 지고 또, 피는구나

# 시선

해맑은 눈동자
호수보다 맑고
하늘보다 푸르네

상실한 양심으로
티 없는 너의 눈에
맞출 수 없는 시선

세상 무슨 언어로도
위로할 수 없는 변명뿐
약속하고 미안한 세상

엄마, 아빠, 어머니
부를 수 없는. 아니,
불러도 대답이 없네

사랑해 우리 아가야
목사님 계시잖니,
사랑해 우리 아기야
시인들이 있잖니

비모는 아가를 버렸지만
사랑 가득한 세상은
아가를 버리지 않았단다

운명은 핑계일 뿐
세상 환경도 변명일 뿐
오직 생명은 축복이야

예수님도 홀로
성인 되셨고
부처님도 출가하셔서
성인 되셨네
혼자는 구속 없는
진정한 자유란다
바라본다. 세상 모두가
지켜본다. 몽블랑 아저씨도
새끼손가락 걸고 도장 찍고
아가야, 아가야, 아가가
희망으로 자라나는 모습을…

# 부끄러운 생일

뜨거운 사랑을
가슴에 안고
망각하고 살았네
나는 보았네 그 은혜 잊고
내가 황제인양
착각하고 살았네

가슴 치고
눈물로 하소연하여도
때늦은 후회일 뿐
저 강을 건너가신 후 다시
돌아오시지 않더라

가슴속 어머님 죄송합니다
나 태어난 날 어머님께
사랑의 은혜로 주셨건마는
매년 생일 때면
친구들 불러놓고 자축한,
부끄러운 죄 용서하십시오

하늘 아래 제일 큰 죄 덮어주시고
저 강을 건너가신 어머님 전 땅을
치고 가슴 뜯어 용서를 구합니다

나를 낳아주신 그날을
나의 날이라고 착각한
부끄러운 그날이 오면
흰색 카네이션 한 송이
어머님 선영 앞에 바칠게요
사랑합니다, 사랑했습니다
어머님…………

# 임 가시는 길

임 오실 때
구름 위에 나비 되어
오시더니
임 가실 때
구름의 슬픔인지
눈물로 비가 내리네
세상사
고해인데 오늘
주님 영접 받으며
마지막 세상 길 떠나는
임을 위해
찬송가 불러 드리리
극진한 친구의
눈물 배웅으로
돌아눕는 그 자리가
하나님 지으신
천당이구나
후일 그 길을 갈 때
잊지 말고 마중 오세요
우리도 아니
돌아눕지 못하리라
천사님 손잡고

떠나는 모습이
아름답고
보기 좋아라
잘 가세요, 잘 가세요
눈물로 배웅합니다…

# 봄처럼

생아, 생아 어디로 가는가?
세월의 볕에 까맣게 타버린
어둠 속에 작은 영혼이여

얼음이 녹듯이 정 피어나고
깨어나라 잠에서 깨어나라

파랗게 돋아나는 새싹처럼
선홍색 몽우리 터지기 전에
인연의 꽃향기 피워 날려서

벌, 나비 춤추는 언덕 넘어
소망의 둥지에 꿈을 꾸듯
아름다운 새소리 울리려나

아~
꿈도, 그대 꿈도 이 봄처럼

# 황혼

서녘 하늘 황혼이 짙어가니
서까래 둘러친 하루가 내리고
소멸의 침낭 속으로 피곤함 뉘이면
시간을 먹고 사는 애벌레 한 마리
하얀 잎 까만 잎 모두 갉아 먹네
청춘도 먹히고 불혹도 먹히고
고요도 밟히고 침묵도 밟혀서
세월의 벌레 앞에 모든 걸 먹혔네
마지막 남은 영혼마저 먹지 말라
아직 끝맺지 못한 사랑, 사랑이~

# 沐恩 김 숙 현

## 작품

- 너로 인해
- 와현의 밤
- 기다림
- 울림
- 오솔길에서
- 짝사랑
- 아가에게

## 프로필

- 경북 예천 출생
- 월간 『문학세계』 시 부문 등단(2015년)
- 부산시 동화창작대회 장려상 수상
- 문학세계문인회 정회원
- 김해 문시사람들 동인
- 경남 취약계층 방과 후 지원 사업 우수 프로그램 선정
- 장유지역아동센터 강의
- 경상남도 모범학원 지정
- 김해시 학원연합회 감사
- 김해시 학원연합속독분과장
- SAS영재아카데미 원장

# 너로 인해

아가
엄마는
널 통해 세상에 다시 나고
너를 통해 세상을 다시 본다

아가
우주 만물이 너로 인해
새로워지는
이 경이로움을

엄마는
사랑으로
너에게 보낸다

# 오솔길에서

솔잎 융단 위를 야무지게
한 발씩 내디디면
오감이 열린다

싱그러움이 주는 선물을
만끽하며
눈—코—입—귀
그리고
손끝으로 조용히
슬로우모션

매미의 삼중주가
사계의 클라이맥스를 연주할 때쯤
햇살은 스포트라이트를 내게 때린다

길섶에 꽃을 든 풀잎들의 환호를 받으며
오롯이 주인공이 되어
한 발씩 내딛다 보면
솔잎 융단의 끝에 도달한다

# 와현의 밤

좁은 해안을 따라
한껏 뽐내며
중구난방 들어선
시멘트의 소산물들

날이 갈수록 얄궂은 모양 되어
본디 있던 와현의 해변은
파도마저 잠들었다

아니
눈 감아 버린 것인지도 모른다
차라리 바다에 잠기고 싶은지도
모를 일이다

# 짝사랑

스치기만 해도
온종일 행복을
주는 사람

생각만 나도
미소를 만드는
사람

그런
속내
들킬까 봐
퉁퉁거리는
이 못난 사람

# 기다림

여러 날
이슬을 모았지요
꿈길 따라
님이 오시기에

앞마당 연못에
노을빛 차면
오월에 덖은
세작 한 움큼
연꽃에 묻어 두고

밤새
님 그리며
오색 비단에
사랑을 짓습니다

부끄러운 햇살
문 두드리는 소리에
가슴은
쿵쾅쿵쾅
방아 찧는 소리를 내고

연꽃 향 그윽히
먹은 차를
이슬로 달입니다

방울방울
정성 담아
천천히
고요히
차를 내어

눈
코
입술
그리고
혀까지 촉촉하게

차는 그지없이
맑고 향기로운데
소반 저쪽에
한 잔은

어느새
식어갑니다

세작 한 움큼이
채 남지 않았건만

오늘도
꿈길에서
사랑 노래 부르려나

# 아가에게

아가
기쁘게
널 맞이하지 못했구나

살이 찢기고
뼈가 터지는 고통을 이겨내고
도달한 이곳이 너무 밝고
너무 부산하고 너무 시끄러워서
미안해

아가
어쩌다
차가운 박스에 널 머물게 했구나

너의 외침은 외면하고
너의 권리를 송두리째 박탈하고
두려움과 공포부터 선물하는
이 이상한 세상의 한 조각 퍼즐이라서
정말 미안해

아가
그러나
그럼에도 세상은 아름답고 찬란하단다

풀 한 포기 한 줌 흙도 이유가 있다는데
너의 탄생에 가해진 폭력의 의미는 사랑
너로 인해 일구고 너를 위해 솟아나니

아가
아가
사랑해

# 울림

그곳에선 몰랐어요
세상을 향한 터널이
이렇게 길고 고통스러운지

그곳에선 몰랐어요
세상의 빛이 잔인토록
눈부셔서 아픈 울음을 토하게 될 줄

고막이 터질듯 시끄럽고
살이 찢기듯 차가운 이곳이
낯설기만 한데
세상 어느 모퉁이
작은 구멍에 어둠을 덮고
공포로 숨쉬게 될지
그곳에선 미처 몰랐어요

난 원하지 않았어요.
어떤 이야기도 들어주지 않고
묻지 않았기에
더 큰소리로 나의 언어로

나의 허락을 말했지만
꿈꾸던 나의 열 달은
사라지고 말았어요

# 김 장 미

## 작품

- 탄생
- 닮아간다는 건
- 아침밥
- 낯선 그리움
- 아가
- 신념
- 여름 감기

## 프로필

- 경북 영천 출생
- 월간 『문학세계』 등단(2016년)
- 문학세계문인회 정회원
- 한국베이비박스문인협회 회원
- 시집 『사랑은 말도 없이 눈물이 되어』

# 탄생

밝은 빛을 따라
홀리듯 끌리어 간 안식처
두 개의 사랑이
품은 하나의 심장

사랑의 결실이
만들어낸 신비로움의 결정체
거르고 걸러낸 강인한 생명력
조물주의 걸작 탄생

사랑으로 키워낸 고귀한 선물
열 번의 달이 뜨고 질 동안
태양을 끌어안고
바람을 등지고
금이야 옥이야 정성을 쏟고

세상 밖 입문식 시키던 날
천하를 얻은 가슴 벅참에
심장은 달궈지고
환희에 찬 결심은 위대함이 되었으리라

# 아가

조그마한 심장이
콩닥콩닥
조막손 꼬물꼬물
두 눈 꼬옥 감고
세상 그 어디에도 없을
안식을 취하는 아기 천사

열 달을 꼬박 채워
엄마의 품에서 나와
세상과 만난 당찬 울음

똘망똘망 맑고 고운 두 눈은
옹달샘이요
포동포동 고운 살결은
꿈결이요
팔딱팔딱 뛰는 작은 심장은
안식이요
작고 고운 두 손은
희망의 메시지여라

천사여
천사여
아기 천사여
세상 어디에도 없을
어여쁜 천사여
건강하게
잘 자라거라

# 닮아간다는 건

그리워할수록
보고 싶어할수록
닮아가나 봅니다

어느 순간부터
내 심장은 당신 향해
뛈박질을 하기 시작했고
어느 순간부터
내 눈은 당신만 보면
웃기 시작했고
어느 순간부터
보고 또 봐도
당신이 보고파졌습니다

당신 눈 코 입
당신 그 미소
당신 그 따스한 가슴
당신을 닮아가더니

이제 내 얼굴마저
당신을 닮아갑니다

사랑은 이런 건가 봅니다

닮아가는 우리
닮아가는 심장
서로의 심박수를 맞추고
서로의 온도를 느끼며
사랑하는 지금처럼 말이죠…

# 신념

— 이제염오(離諸染汚)

신비로운 자태로
다소곳이 앉아 있는 고귀한 숨결
연분홍빛 물든 옷자락 여미고
참선하는 푸른 좌상
석가의 마음을 품는다

뜨거운 태양 아래
타들어가는 목줄기
달콤한 여우비
유혹의 손길로 어루만져도
인고의 시간을 버텨낸다

어스름 그림자
달빛을 데려오면
빗장을 닫고
뿌리 밑 오염된 세상
가슴으로 퍼 올려
밤새 벌컥벌컥 타는 목을 축인다

동녘 하늘에
붉은 기운 솟아오르면
또다시
환하게 웃고 있는 연꽃
향기로움만이 푸르게 앉아 있다

# 아침밥

여명이 기지개를 켜고
커튼 친 동공을 노크한다
분주해진 마음은
찬물 한 사발을 들이붓고
맑은 정신을 불러 온다
하얀 쌀과 흑미를 섞어
빛 고운 따끈한 밥을 짓는다
뜨겁게 달아오른 불 위엔
된장찌개가 보글보글 끓어가고 있다
푸르게 물든 초록의 나물이 웃고 있고
수줍은 듯 발그레해진 겉절이 배추김치는
익숙지 않은지 까치발로 구경 삼매경이다
반면 아주 익숙하게 참선을 하고 있는
멸치볶음은 견과류와 여유를 부린다
다소곳이 앉아 있는 구운 김에
자꾸만 눈길이 간다
바다에서 왔을 먼 여정임에도
흐트러짐 없는 곧은 자태 평화롭다
오늘도 아침밥을 한다
늘 그랬듯이 배가 고픈 가슴에도
밥을 떠먹인다

구수한 된장찌개 한 모금
따끈한 밥 한 술로 빈 가슴을 채운다
살아야 하기에
어쩌면 아침밥은 살기 위한
습관화된 몸부림일지도 모르겠다

# 여름 감기

한여름 뙤약볕에 달궈진 심장
더위를 먹어 아프다
우기에 접어든 가슴
하염없이 비가 내린다
감기가 걸린 심장은
열기를 뿜어내느라
식은땀이 난다
독한 여름 감기는
뇌리를 깨우고
움츠린 어깨를 짓누른다
이 밤이 지나면
괜찮아지려나
밤하늘 쓸쓸한 달그림자만이
지친 자아를 다독이고 있다
어디선가 들리는 귀뚜라미 소리
정적을 깨우고
가을이 오고 있음을 말해준다
가을이 오면
예쁜 낙엽이 지는 그 거리를
함께 걷고 싶었는데
콜록콜록
불청객의 기침 소리가

귓전에 쩌렁쩌렁 울린다
시린 가슴에 드리운
따끈한 레몬차 한 모금
데워진 가슴을 어루만지며
식지 말기를 바라본다

# 낯선 그리움

익숙하지 않은 그리움 하나
분홍빛으로 가슴을 물들입니다

그대 미소 속에 여울진 아련한 마음 하나
잔잔한 가슴에 던졌더니
파문이 일어 온밤을 뒤척이게 합니다

낯설기만 하던 한 남자
분홍빛으로 물들어
복사꽃 마냥 수줍은 마음으로
살포시 다가옵니다
낯선 그리움으로

# 김 정 오

E-mail : dr2am1004@naver.com

**작 품**

- 축복
- 장갑 한 켤레
- 안부
- 행복 노래
- 아침 기도
- 우연히
- 달맞이꽃

**프 로 필**

- 서울 출생
- 계간 『시세계』 시 부문 등단(2015년)
- 월간 『문학세계』 동시 부문 등단(2015년)
- 제13회 시세계문학상 시 부문 본상 수상
- 제12회 사계 김장생문학상 시조 부문 수상
- 문학세계문인회 정회원
- 한국베이비박스문인협회 회원
- 그루터기에 앉아 쉬는 바람 동인
- 공저 『베이비박스에 희망을 싣고』(2집) 『한국을 빛낸 문인』(2015년)

# 축복
## — 살아 숨 쉬는

까만 눈동자
나지막한 코
오물거리는 입
어느 하나
사랑스럽지 아니한 것이 없다

꼬물거리는 발가락도
온 힘을 다해 움켜쥐는 손가락도
들쑥날쑥 움직이는 배도
모두 다 그러하다

숨죽여 널 바라본다

넌
사랑이다
미소다
기쁨이다
행복이다
선물이다
위로다

…

어떤 말로도 담을 수 없는
너는
감사다

# 아침 기도

오늘 하루

제 곁에서 새근새근 잠들어 있는
사랑스런 아이들이
세상에서 가장 환히 웃을 수 있는
그런 하루를
선물해 주십시오

보고 싶은 엄마 아빠를 대신해서
저에게 어리광을 부리고
가끔은 다리를 베고
편히 쉬게 해 주십시오

잠자면서도 엄마 아빠를 찾는
이 아이들에게
잠시나마 품을 내어주어
따뜻함을 전하게 하여 주십시오

오늘 아침
사랑스런 아이들에게
맛있는 아침을 먹이고
세수를 시키고

단정히 머리를 빗길 수 있는 기쁨을 주시니
감사합니다

오늘 하루 온통
미소로 가득 채워 시작합니다
저의 하루가
행복함으로 시작되니
이 또한 감사할 수밖에요

나의 하루는
온통 행복입니다

# 장갑 한 켤레

입김이 모락모락 피어나는
겨울 거리를 걸으며
시린 손을 비비다가
문득
당신이 내게 준
장갑이 생각납니다

유난히도 추위를 타는 나
그래서 늘 손이 차가운 나를
말없이 지켜봐 주던
고마운 사람

함께 걸을 때는
커다란 손으로 내 손을 잡아주지만
곁에 없을 때 시린 손
따뜻하게 지키라며 건네주던
장갑 한 켤레

내내 아까워 서랍 속에 숨겨두었다
문득 떠오른 장갑
오늘 밤 집에 돌아가면
얼른 찾아내어

손에 끼워봐야겠습니다

아마도
당신이 많이 보고픈
오늘 밤이 될 것 같습니다

# 우연히

스쳐 지나듯
당신을 봅니다

어렴풋이
오랜 기억의 모퉁이
말없이 미소 짓던
당신이 보입니다

소리 없이 내려앉은
눈송이처럼
내 마음에
눈꽃 하나
피었습니다

차가운 겨울바람도
온기 가득한 미소에
한발 물러나
우리를 지켜줍니다

우연히
내게 다가온

눈꽃 한 송이
오래 함께할 꿈을 꿉니다

하나씩 쌓여가는
우리의 이야기
이제 시작입니다

# 안부

아침 창으로 부서져 들어오는 햇살이
꼭 당신 같아서
기분 좋은 웃음으로 맞이합니다

파란 가을 하늘 위로 흐르는 구름조차
미소 짓는 당신 같아서
나도 따라 미소 짓습니다

어느 순간
내 곁에 자꾸만 당신이 와 있는 것 같아서
또 웃음 짓습니다

상쾌한 가을만큼
나도 기분 좋은 설렘으로
하루를 보냅니다

고맙습니다
내게 웃음이 되어 준 당신

# 달맞이꽃

샛노란 빛으로
아침을 밝히고
길가에 나직이 늘어선
반가운 아침 인사
밤새 잘 잤느냐 물어온다

달빛을 온몸으로 받아
내 창을 밝혀주어
편히 단꿈을 꾸어 고맙다
눈인사하고
또 무심히 길을 재촉한다

달빛 부서지는 밤
한낮의 뜨거움 아래서
잠을 청하던 너는
나의 온밤 지키려
고이 바람에 흔들렸나 보다

태양의 눈부심 보다
달빛 떨림에 눈 감고
조용히 숨을 들이쉰다
잠시 너를 잊었었다고

# 행복 노래

따뜻한 밥 한 끼
차려주고픈 사람이 있다는 건
이미 마음속에
누군가가 들어와 있다는 것

한 사람을 위해
직접 장을 보고
한 사람을 위해 요리하며
내내 즐거움에 빠져
콧노래를 부르게 되는
신비한 사랑 마법에 걸리는 것

마주 앉아
함께 밥을 먹는다는 건
이미 내 마음이
그 사람으로 행복하다는 것

# 天率 도현미

E-mail : guslgusal@naver.com

작품 

- 지워가네
- 희망의 흐느낌
- 흐르는 것, 혹은 쌓이는 것에 기대어
- 내 안의 바람
- 단물 빠진 말
- 애모(哀慕)
- 사랑이라는 건

프로필 

- 전북 김제 출생
- 한국문인협회 무주지회 정회원
- 한국베이비박스문인협회 회원
- 그루터기에 앉아 쉬는 바람 동인
- 퓨전난타 태누리 회장
- 공저 『베이비박스에 희망을 싣고』 『꿈의 날개를 달자』

# 지워가네

물 위에 띄운 너
모래 한 알에 일렁였고

하늘 구름에 실은 너
바람 입김에 흩어지고

땅 위에 그린 너
줄지은 개미 떼에 묻히고

내 안에도 일렁이는 물결 있나
내 안에도 입김 부는 바람 있나
내 안에도 개미 떼 줄지어 가나

아스라이 번지는 너
서서히 흐려지는 너
차츰차츰 잊히는 너

# 단물 빠진 말

설렜다
빈 종이를 보면

무얼 쓸까
무얼 채울까
머릿속 어지러운 말들
줄 세우고 열 맞추고
즐거웠다

텅 비었다
빈 종이처럼

뭘 쓸 수 있을까
뭘 채워야 할까
머릿속 고민만 한가득
쏟아지던 말들 바래고
괴로웠다

잘근잘근 씹다 뱉는 말
단물 빠진 껌마냥
의미 없는 말들 질겅질겅
습관처럼 씹고 있다

# 희망의 흐느낌

깜깜한 망망대해에서
부드럽고 따뜻했지만
두렵고 무서웠어요
왠지 모를 불안이
자꾸만 자꾸만 밀어냈어요

어렵사리 빛이라는 걸 느끼고
고통에 울음을 터뜨렸어요
밀어내는 슬픔이 짙어서
울음을 멈추기 힘들었어요

박스 안에 놓여졌을 때
차디차고 딱딱했지만
차라리 괜찮았어요
왠지 모를 안도가
괜찮다 괜찮다 다독였어요

이내 따뜻한 품이 느껴졌고
편안함에 울음을 터뜨렸어요
다독다독 손길에 안도하고
새근새근 잠들 수 있었어요

괜찮은데
편안한데
따뜻한데
울음은 그쳤는데
흐느낌이 멈추질 않아요
그게…… 잘 안 돼요

# 애모(哀慕)

애써 잊은 적도
애써 지운 적도
없었다

몹시 보고픈 날
몹시 그리운 날
울었다

두고 갔다 원망치 않았다
버리고 갔다 탓하지 않았다
그저 두고 보았고 놓았다

문득 사무치면 울었다
그뿐이다
난 아무렇지 않았다
난 아무렇지 않다

# 흐르는 것, 혹은 쌓이는 것에 기대어

원망한들 나아진 적 없고
남 탓한들 해결된 적 없고
이런들 어떻고 저런들 어떻고
흐르듯 놓아 버린 맘
그 안에 답 있었네

어차피 정답이 있겠냐만은
흐르는 것에 놓아 보니 뵈더라
미움도 원망도 품을 것 아니니
그저 비우고 또 비우라고
하릴없이 읊조리네

# 사랑이라는 건

영원할 줄 알았다

색이 바래듯 자연스레
흐르는 물처럼 그렇게
떠도는 바람처럼 또 그렇게
주어진 것에 맞춰 변하더라도

본연의 색을 잃더라도
원래의 색은 불변이고
흐르다 무얼 만나
더럽혀져도 물은 물이고
떠도는 바람도 기세가 달라질 뿐
바람 아니던가

사랑은 변하는거라고……
내 사랑은 다르다 믿었다
온도 차가 있을 뿐
뜨겁거나 차갑거나 그것이라고

형태를 달리하고
이름이 바뀌어도
세월 따라 나이 먹듯

모습이 변하고 자라는 것
본질은 변치 않는다 그리 믿었다

변하더라
내가, 그가, 사람이
그래서 영원할 수 없더라
사랑이

# 내 안의 바람

조로롱 이슬방울 깨우고
나비와 같이 팔랑 춤추다
떡바위에 앉아 잠시 쉬며
오랜 나무 얘기 듣고
내게 와 주련

계곡 훑고 신록 훔쳐
꽃잎에 머물러 향기 품고
이파리 일깨워 춤바람 넣고
초록 물결 일렁여 너울춤으로
내게 와 주련

향긋한 꽃바람
울 아가 콧등에
싱그런 잎새 바람
울 아가 머릿결에

나무 얘기로 웃음꽃 피게
팔랑 나비춤으로 기쁨 주고
또로록 이슬 방울방울 행복 머금고
짙은 신록 건강 바람 살랑살랑~

여유롭게
느긋하게
자상하게
그렇게 오렴
내게 와 주렴

# 문 문 자

E-mail : ssiloam1472@hanmail.net

## 작품

- 보름달
- 그리움
- 열정
- 아들 생각
- 8월은
- 서정곡
- 아들에게

## 프로필

- 경북 김천 출생
- 경인총회신학대학 졸업
- 계간 『시세계』 등단(2015년)
- 문학세계문인회 정회원
- 한국화장품 신천지사 운영

# 보름달

나뭇가지를 타고
하얀 달이 내려온다

넓은 도화지 하늘에
힘든 세상의 그림자를
하나씩 새기며
내게로 달이 온다

고난과 역경도
시기와 질투와 오해도
녹인 듯 별을 만들며
사랑 빛으로 다가온다

어두운 밤이 지나
태양의 시련도 이겨내고
또 밤 깊어 잠 못 이룰 때면
어디쯤 와 있을까

그렇게 그렇게
손에 잡고 안을 때쯤이면
따뜻한 보름달이겠지
아름다운 사랑이겠지.

# 8월은

세상을 구워 버리듯
이글이글 화난 태양 빛이
부디 세상의 필요 빛이기를

목마른 이의 가슴에
생명수로 다가오는 소나기도
부디 세상의 단물이기를

빛과 물로 하여
온 세상은 풍요로워지리라
훗날의 추위를 덜게 할
몸과 마음의 양식으로 날지니

콩밭 뒹구는 아낙네도
고추밭 몸을 끄는 촌로에게도
아! 힘들다 8월이여!
어찌 지나치라 소원할까

더도 덜도 없이
욕심, 갈등, 질투도 없이
초원같이 바다같이
8월은 내일을 준비한다.

# 그리움

달무리 흐르던
검푸른 하늘에도
우리의 시간 열차는
쉬지 않고 또다시
새벽은 밝아만 오는데

봄바람에 옷깃 날리듯
내 맘 나도 몰라
그대 부르는 바람 소리에
눈물 잔 가슴에 머물다
비가 되어 아침을 적신다

해 지면 행여나 그대 올까
기다리던 마음 꽃술 되고
새벽이면 사무치는 그리움
이슬 맺힌 꽃잎 되어
그대 곁에 떨어지네.

# 서정곡

까맣게 흐르는 적막 속에
행여 당신이 있을까

작은 빛이라도 밝히면
당신 모습이 보일까

눈을 감을수록
역력한 당신 모습에

돌아누우면
몸이 또 당신을 그리네

영원히 영원히
내 곁에 있어 달라고

내 못난 모습까지
다독이며 안아 달라고

원하고 기도하고
수백 번 용기를 부추겨도

참 사랑하는 당신
아플까 봐 또 망설입니다

은하수 속에 숨어도
그중에 당신 빛 영롱한데

나보고 당신을 찾으라니
시험에 들게 마세요

내가 조금 버리면
당신은 많은 걸 잃을까요

내가 많이 버리면
당신은 모든 걸 잃을까요

지내 온 시간보다
아직 챙겨야 할 많은 시간

당신 위해 놓고 싶고
당신 향해 나래를 폅니다

어둔 밤 별 바라기
다정한 내 안 당신은 아시는지.

# 열정

그대의 하루가
피곤에 지쳐 힘이 들 때엔
가만히 앉아 창밖을 보세요
바쁘게 오가는 하 많은 사람 속에
열정으로 달리는 당신은
참 아름답습니다

그대의 하루가
후회 속에 한숨이 지어지면
눈을 감고 내일을 느끼세요
평온한 가정과 즐거운 이웃들과
열정으로 살아온 당신은
한가득 웃음입니다

그대의 마음이
나약해져 마냥 울고 싶을 땐
지난 추억을 생각하세요
황홀했던 노을과 유성들의 축복 속에
열정으로 가꾸어 온 사랑은
우리의 행복입니다

그대의 사랑이
외롭고 눈물만이 반짝거릴 땐
우리의 노래를 불러보세요
사랑해 사랑해 사랑해 수없이 외치며
열정으로 갈구하던 두 눈 속에
당신과 나는 하나입니다.

# 아들에게

언제나 웃는 날이기를
너희들의 웃음을 보며
가장 큰 행복을 느끼고
기쁨의 눈물마저 달콤하다

힘들고 지칠 때면
내 품에서 울기도 하여라
너희들의 눈물까지 거두어
모두 내가 지고 가련다

잡초 무성한 들녘엔
미풍에 웅웅 소리를 내는
이름 모를 풀잎들도
외롭고 무서우면 소리를 낸다

힘든 지난 시절들을
외나무에 기대어 흔들리고
외로움도 속으로 삭이며
가냘픈 소년이 큰 나무가 되었네

실수를 하더라도
고개를 숙여 슬퍼하지 말고

실패를 하더라도
희망을 잃고 좌절하지 말아라

바람이 불어 흔들리면
힘이 들다 소리 내어 하소연하고
외롭고 무서워 떨리면
베개 들고 내 품으로 오렴

아들아! 나를 사랑하듯
세상을 사랑하며 살기를
당당하고 하루를 마지막처럼
매사 매시에 정성을 다해
살며 사랑하며 행복만 하자꾸나.

# 아들 생각

아들들을 보고 있노라면
참 대견하고 놀랍다는 생각이

큰 나무같이 듬직한 모습에
태양처럼 환한 잘생긴 얼굴에
꽃술처럼 이쁘고 맑은 영혼을 가진
그들이 내 아들이라니

난 이미 세파에 찌들어
멍도 들고 찢어지고 흙도 묻었지만

이렇듯 착하고 훌륭한 모습으로
밝고 건강히 당당한 모습으로
이젠 나를 지켜주는 모습으로
고맙고 행복하다 아들들!

항상 희망을 굳게 가지고
더 건강하고 좋은 사람으로
세상에 곧고 탄탄하게 서기를
두 손 모아 기도한다.

# 鴻顔 서 수 정

E-mail : tnskadl45@naver.com

**작품**

- 스무 살의 천사
- 월연정에서
- 인연(因緣)
- 마음의 정원
- 낙화
- 고독
- 잣나무 아래서

**프로필**

- 충북 청주 출생
- 『대한문학세계』 등단(2014년)
- 월간『문학세계』 등단(2015년)
- 전국 순우리말 글짓기대회 장려상 수상
- 2015 명인명시 올해의 신인상 수상
- 한국문인협회 회원
- 창작예술인협회 회원
- 한국예인문학 회원
- 문양문학 회원
- 책 속의 한 줄 희망 동인
- 대한창작문예대학 졸업
- 창작문예지도자 자격증 취득
- 2015 명인명시 올해의 신인상
- 시집 『하송정 2 길에』
  공저 『베이비박스에 희망을 싣고』 『우리들의 여백』 『유화에 시를 담다』 『초록이 가을을 만나다』 외 다수

# 스무 살의 천사

지적 장애 1급의 우야는
무슨 말을 하든 '네'
'여기요' '선생님' '아니 아니'
가끔 '이모' 라고 부르는 것이
사용하는 말의 전부다

하지만 인사 하나는 잘한다

태어나 돌 지나면서부터
장애가 있다는 걸 알고
시설로 보내졌다가
중학교 들어가면서 집에 오갔다

스무 살이 넘은 지금도
세상과 타협할 줄도 모르고
시키는 대로 말 잘 듣는
세 살 아이의 지능에서 멈추어 버렸다

아마도
천사가 세상 구경하러 내려왔다가
각박한 세상에 놀라
아기 천사로 있다가 하늘로 가려나 보다

# 낙화

— 벚꽃

봄비가 내리는 날
하얀 꽃비도 내립니다

하얀 날개 달고
떨어진 꽃잎을 바라보며

한쪽 날개 잃은 벚꽃
봄비에 실은 눈물로
다시 피어날 날을 기약합니다

벚꽃의 짧았던 생
화려함을 땅 위에 꽃비로 내리고
이젠 초록으로 물들어 갑니다

가슴에 그리움 가득 안고서

# 월연정에서

휘영청 달 밝은 밤
수줍게 꽃 피운 배롱나무
미소가 곱기도 하다

오백 년 옛 정 그리움에
붉어진 자태가 고와
구름에 살짝 가린 달빛에도
쌍경대 앞뜰이 훤하다

달은 하나인데
동천의 달은 둘이다
하늘에 하나 강물에 하나
그대가 나이고 내가 그대이듯이

# 고독

밤비에 젖은 창 너머
찌르르르 울어대는
풀벌레 소리 처량하다

술잔을 반쯤 비운 채로
창문을 열어본다

가로등 불빛에 비친
실타래 같은 빗줄기가
바람을 타고 안겨 온다

눈을 감았다
감당할 수 없는 그리움에

남은 술잔을 비운다
목구멍까지 치솟았던 그리움
술을 타고 가슴속 깊이 내려앉는다

그리움보다 진한 외로움
오늘도 독한 술 한 잔으로 잠재워 버린다

# 인연(因聯)

인생에 있어
소중한 인연 하나 만들 수 있는 것이
얼마나 큰일인지 모릅니다

햇살에 새순을 돋는 잎사귀처럼
사람과 사람의 만남도
인연에 의해 만나게 되는 것입니다

만나야 하는 인연이기에 만난 것이므로
섣불리 해서는 안 되는 것이
인간관계인 것입니다

말 한마디로 상대에게 상처를 주고
오해의 골이 깊어져 서로 헐뜯는다면
인연의 고리도 끊어질 것입니다

한 번 더 참고 한 번 더 생각하고
한 번만 더 말을 아낀다면
서로에게 상처를 주는 일은 없을 것입니다

내가 누군가에게
상처 되는 말을 했다면
그건 자신에게도 상처가 되는 말일 것입니다

사람을 만났다는 건
내적이든 외적이든 깊든 얕든
인연의 고리가 생긴 것입니다

그러기에 작은 인연 하나도
함부로 할 수 없는 것이 인생입니다

# 잣나무 아래서

커다란 나무 아래
나는 나무가 되어 서 있다

시원한 강바람 한 자락
구슬땀을 씻어 주려 다가와
두 눈을 감아 버렸다

톡!
잣 하나가
내 앞에 떨어졌다

쪼르르
다람쥐 한 마리 다가와
잽싸게 껴안는다

저만 한 잣을 어찌할고
장승처럼 서서 바라보니
많이 해본 솜씨로
요령 있게 굴려서 가져간다

한참을 움직일 수가 없었다
다람쥐가 놀랄까 봐
이마에 땀도 다 식고
나도 갈 길을 가야는데

# 마음의 정원

행복이란 꽃은
우리들 마음의 정원에
아름답게 피어 있습니다
하지만 사람들은
다른 사람의 꽃을 바라보느라
정작 내 마음에 핀 꽃은
잊고 살아갑니다

남의 떡이 커 보이듯
다른 사람의 꽃이 아름다워 보여도
내 것은 아닙니다
내 행복은 내 안에 있어
스스로 꽃을 피워나가야 합니다

아름답고 예쁜 행복 꽃을 피우는
마음의 정원을 가꾸기 위해
오늘도 미소라는 물을 줍니다

# 선 지 현

E-mail : tjswlgus75@hanmail.net

**작품**

- 아버지
- 여름 다알리아
- 아빠와 아들
- 가을 들녘
- 소중한 나의 친구 어디에
- 울타리
- 어머니의 눈물

**프로필**

- 세종시 조치원 출생
- 계간 『시세계』 등단(2016년)
- 문학세계문인회 정회원

# 아버지

별도 뜨지 않은 까만 밤에
소리 없이 흘리는
당신의 눈물을 보았습니다

끝없는 아픔의 고통을
저희에게 보이지 않으시려는
말 없는 슬픔을 보았습니다

한 번도 말씀해 주시지 않는
당신이 미워
저도 따라 볼을 적십니다

그러나 조금은 알 것 같습니다
산처럼 묵묵히 서 있던
당신의 삶을
이제는 사랑하렵니다

# 소중한 나의 친구 어디에

핑크빛 사연들이
그리도 많았을까
만나던 매일매일
넘치는 이야기꽃
똑같은 화젯거리도
두근두근 새롭다

세월을 핑계 삼아
서로의 소식 잊고
까맣게 묻은 추억
모르고 지냈건만
가슴속 불씨는 남아
안부 문자 띄운다

# 여름 다알리아
## — 비 오는 날

검은 구름 앞 가리듯
세상 어둠 가득하고
시간 지나니
한두 방울
떨어지는 비가
온몸을
적시며
더운 열기 식힌다

얼마 만에 오는
반가운 손님인가

비 오는 것 싫어했지만
폭염 속 있는 것보다는
시원하게 내리는
소낙비가 좋다

소낙비 내려
무거운 마음들이
빗물에 씻겨
떠내려가고

내 몸 남겨진
흔적들은
잔잔한 여운 타고
조각배를 띄운다

# 울타리

두 아들 하교하는 시간이 되어 학교로 마중을 나갔어요
날씨는 왜 이리 더운지 차 안에 있는 게 답답해요
등나무 밑에 있는 의자에 앉아서 남편과 얘길 나눕니다
통학차량 버스 기사 아저씨 말씀이
"아빠하고 다정하게 앉아 있는 모습이 엄청 귀엽지"라고
말씀을 하셨어요, 두 아들이 아빠 바보라고 말을 했더니
기사 아저씨가 배꼽을 잡고 웃습니다
등나무에 앉아 계시는 학원 원장님들도 한바탕 웃음으로
찌는 듯한 더위를 잠깐 잊을 수가 있었네요
나중에 큰아들이 나와서 등나무 밑에 앉아 오랜만에
가족사진 한 컷을 찍고 천안으로 볼일을 보러 갔어요
큰아들이 벌써 6학년이라니 세월이 참 빠르게
지나가는 것 같네요, 가족사진이 예쁘게 찍혀 한참
바라보았어요, 미소가 가득한 우리 가족

# 아빠와 아들

세월이 흘러 아빠와 아들이
나란히 걸어도 똑같은 키 높이
어느새 아빠는 훌쩍 커버린
아들보다 아빠는 시간이 지나
흰머리가 세월만큼 많아지고

출근길에 아빠와 아들이 재잘거리는
소리에 아빠는 함박웃음을 짓고
아들은 아빠가 좋다고 넘버원이라고
말을 하며 빠른 걸음걸이가 한결
가벼워지는 출근길
베란다에서 내려다보는 아침 풍경

# 어머니의 눈물

비가 내리고 새순들이 예쁘게 나와 봄에 절정을
알리고 있네요. 이틀 동안 마음도 무겁고
힘든 나날을 보내다가 교수님과 상담 끝나고
형제들끼리 모여 상의를 하고 수술하기로 결정을
내려 교수님께 말씀 드려 진행하도록 하고 엄마
병동을 내일이나 모레 암 병동으로 옮겨서 검사부터
진행하신다고 하네요
다음 주부터 간병인을 쓰기로 하고 엄마께 말씀을
드렸더니 얼굴에 웃음기가 사라지고 화가 나는지
아무 말씀이 없더니 기어이 참던 눈물을 흘리시는데
자식들도 울고 계시는 엄마를 달래고 병원에 자주
찾아와서 얘기도 하며 같이 외출도 할 거라고
몇 번 얘기를 해도 귀에 들어오지 않는지 울기만 하시는
엄마 뒷모습을 뒤로한 채 병실을 나왔어요
엄마가 심하게 낯가림을 하셔서 항상 모시고 다녔어요
치료가 장기전이 될 것 같아서 간병인을
쓰게 된 것이지만 자식 된 도리가 아닌 것 같아
마음이 아프네요
철쭉꽃에서 찍은 엄마의 사진이 유난히 예쁘게 보입니다

# 가을 들녘

이른 새벽안개 자욱한데
밤새 울어대던 풀벌레 소리
가만히 귀 기울여 보면
가을을 불러낸다

풀잎 맑게 흐르는 이슬처럼
시월 닮고 싶은 아이처럼
먼발치 구슬땀 흘린 농부들
굳은 살 박인 손바닥으로
볏단 더미 세우고 있다

고향 떠난 친구의
그리운 얼굴 생각나면
마음 담아둔 사연
비취 빛 하늘로
하늬바람 따라
띄워 보낸다

넉넉한 웃음 채우며
삶이 힘들어도
깊어가는 고독을
비워내고 있다

# 以瑟 손 장 순

E-mail : sjs25087@naver.com

**작품**

- 천사의 미소
- 향초
- 꽃의 생애
- 들꽃
- 사랑의 사계절

**프로필**

- 전북 무주 출생
- 계간 『시세계』 등단(2016년)
- 한국베이비박스문인협회 정회원
- 문학세계문인회 정회원
- 그루터기에 앉아 쉬는 바람 동인

# 천사의 미소

쇳덩이의 싸늘한 품은
구멍 난 모성에 찾아들고
잃어버린 탯줄은
쓰레기통에 처박혀도
꿈을 꾸듯
아이는 웃는다

화장실 바닥에 뒹구는 모성
이불에 싸여
철장에 버려지고
쓰레기통에 버려진 모성은
눈물 없는 죄책감 대신
'그래도….' 라는
합리성을 쇳덩이 박스에 봉인한다

베이비박스에서
다시 태어난 여린 생명 하나
어미의 젖가슴 대신
싸늘히 식은 우유병에 허기를 달래고
버려진 어미의 향기에

어미를 꿈꾸며
환하게 웃는다

베이비박스에
천사의 미소가 가득하다

# 들꽃

들꽃은 한마디 말이 없다
그냥 피었다 지면 그뿐

있으면서도
없는 듯
자랑도 없이
안달할 것도 없이
세상의 한 모퉁이
가만히 머물다 가면 그뿐

달빛만이
꽃잎에 앉아
바람이 슬며 지나는 발걸음
몰래 감싸줄 뿐

# 향초

심장에 꽂힌 심지
꽃향기 가득 안고 타오른다

흘러내린 육신은
세상 그늘에 내려두고
오직
한 줄기 빛을 품어낸다

숨이 막히는 어둠에서
밝은 날을 찾기 위해
쏟아져 내린
한 방울의 육신이
남는 날까지
심장에 불 밝힌다

주검을 향해 흘러내린 육신
심장에 흐르는 눈물이구나

어머니의 향을 품은 향초는
오늘을 밝히며
어제로 스러져간다

# 사랑의 사계절

희망을 틔우는
봄이 있어
그대를 사랑합니다

싱그러운 젊음으로
다가서는 여름이 있어
그대를 사랑합니다

시린 바람으로
삶을 돌아보는 가을이 있어
그대를 사랑합니다

옷깃 여미는 시린 가슴으로
안아 줄 수 있는 겨울이 있어
그대를 사랑합니다

사계절 가득 채운
당신의 따뜻한 마음이 있어
오늘도
그대를 사랑합니다

# 꽃의 생애

꽃이 그냥 아름다울 수 있을까
인고의 세월 끝에
고운 향기 간직한
꽃이 되는 것을

찬란한 고통의 긴 시간 견디고
며칠 화려하게 피었다가
금세 스러지는 목숨 값의 향기

쪼그리고 앉은
어느 여인의 미소가
사라지는 꽃잎에 적실 때
향기 그윽한 이별을 말할 수 있으리

꽃이
그냥 향기로울 수 있을까
시간의 더께 위에 내려앉은
꽃잎의 슬픈 눈물을 닦을 수 있을 때
그윽한 향기로
오늘을 살아갈 수 있는 것을

# 신현각

E-mail : hks1072@daum.net

**작품**

- 베이비박스
- 수처작주
- 주문

**프로필**

- 전북 부안 출생
- 계간 『시세계』 시 부문 등단(2015년)
- 『대한문학』 시조 부문 등단(2015년)
- 『한국시조』 시조 부문 등단(2015년)
- 문학세계문인회 정회원
- 창작예술인협의회 정회원
- 한국베이비박스문인협회 회원
- 그루터기에 앉아 쉬는 바람 동인

# 베이비박스

송두리째 빼앗긴 가슴
어둠은 날 가두고
답답한 공기 날 짓눌러
허공을 허우적대는 나

낯선 인기척 차가운 공간
두려움은 날 압박하니
울음으로 물어봐도
대답하는 이 없네

낯선 향기
어지러운 미소
울다가 지쳐 잠든 꿈속에서
가슴을 더듬어 꽉 깨문다

허전함에 깨어보니
낯설은 친구들뿐
큰 소리로 불러도
나오지 않는 목소리뿐

기다리면 찾아오겠지
기다리면 찾아오겠지
울다 지쳐 잠이 든다
울다 지쳐 잠이 든다

# 수처작주

바람은 조용하고
하늘은 깊기만 해 낯설은데
시선 띄운 구름 사이로
송사리 떼 노닐 적에
바램을 내려놓고 아파하는 나

매미는 죽었고
귀뚜라미 뛰어나와
울음으로 이별 맞고
구름 위 송사리 떼 평화롭기만 한데
채워지지 않는 갈증

파란 하늘이
거기에 있는데
고개 들지 못하고
눈길은
호수에 빠져 허우적대면서
하늘 한번 떳떳이 쳐다보며
나는 내 마음의 주인이 된 적 있는가

아서라 말아라
하늘 한번 쳐다보고

눈물 한번 흘리면 그만이고
호수에 손 넣어 휘휘 저으면
구름도 송사리도 내 맘대로인걸
무엇이 두려워
바램을 놓고만 살았는가

맑은 하늘에
내 바램으로 그림을 그려보자

# 주문

커피 향
창가를 때리고
내리는 비
주저 없이 가슴을 적시는데

유리창에
반영된 내 모습이
낯설어 조용히 눈 감아본다

한숨은
어린아이가 떼쓰는 것처럼
창가에 매달리고
커피 향은 목젖을 간지럽힌다

어둠이 밀려오는 비요일
지그시 눈 감아 감흥에 젖어
나도 예쁘다 나도 예쁘다
주문을 걸어본다

# 우 현 식

E-mail : woos452012@naver.com

**작품**

- 달팽이의 고독
- 베이비박스에 희망을 싣고
- 삶의 애환
- 당신이기에
- 낳은 정 기른 정
- 착각

**프로필**

- 서울 출생
- 계간 『시세계』 시 부문 등단(2015년)
- 계간 『시세계』 시조 부문 등단(2016년)
- 『시조문학』 시조 부문 등단(2016년)
- 문학세계문인회 정회원
- 한국베이비박스문인협회 회원

# 달팽이의 고독

메마른
감정의 대지에
그리움의 비가 내리면
딱딱한
고독의 허물을
숙명인 듯 등에 지고
그대 그리움 마를세라
부지런히 걸어보지만
그대 생각 하얗게 말라
지나온 길에 내려앉는다

또다시 밀려드는
메마른 감정
달팽이는 세상이 두려워
남아 있는 그대 그리움 안고
길고 긴
고독의 시간 속으로 숨는다

# 당신이기에

당신이십니까
누군가 그리워 세상 닫았을 때
눈부심으로 나를 깨운 이가

당신이셨습니까
누군가 보고파 하염없이 거닐 때
향긋함으로 내 뺨 스친 이가

외로워 말라고 혼자가 아니라고
지친 내 어깨 토닥여주고
밤새 그대 생각에 목말라할 때
아침 이슬처럼 다가와 앉은 이가
진정 당신이셨습니까

내 곁에 있는 이가 당신이기에
날 어루만지는 이 당신이기에
나는 웃습니다
바보처럼 웃습니다

사랑합니다
당신이기에 사랑합니다
내 사랑이 그대이기에 더욱

# 베이비박스에 희망을 싣고

차가운 계절
밤새 나부낀 눈발에
대지는 더욱 차갑고
살얼음을 스친 바람은
몸속을 파고들어 살을 엔다

각박한 세상
미혼모란 꼬리표가 붙으면
색안경을 끼는 세상에
제 한 몸 지키기도 힘들어
피눈물 머금고 이별해야 하는
세상이 야속하기만 하다

하지만 희망의 바람이 분다
아름다운 사람들의 따스한 바람이
얼음장같이 차가워진 대지를 녹일
각박해지는 세상에 희망을 주는
아름다운 희망 전도사들이 모여
훈훈한 열풍을 일으킨다

시작은 비록
차가운 베이비박스에서 했어도
꿈과 희망을 잃지 않기를 바라는
마음과 마음들의 뜻이 모여
베이비박스에 따스한 희망을 싣는다

# 낳은 정 기른 정

반길 건
못되어도
놓은 님 오죽하랴

천륜(天倫)은
이어가고
인륜(人倫)도 새로 맺어

양륜(兩輪)이 함께할지니
울지 마라 아가야

혈육의
깊은 정을
뉘라서 원망하고

새로운
인연의 정
어느 누가 얕보랴

낳은 정 기른 정 모두
너와 함께하리라

# 삶의 애환

살아도
산 건 아냐
그래도 포긴 안 해

시한부
삶이라도
오늘에 충실하면

나 죽는 그날까지도
행복했다 말하리

기와 틈
뿌리내린
위태로운 삶이어도

햇살 보고
방긋방긋
바람결에 하늘하늘

꿋꿋이 꽃 필 그 날까지
최선을 다하리라

# 착각

내 그리움을

하늘에 적었더니

서쪽에서 몰래 훔쳐보던 해

구름 속으로 숨으며

얼굴 붉히더라

내 그리움이 자긴 줄 아나?

# 志泥 유 세 현

E-mail : awacs-1@hanmail.net

**작품**

- 홀로 누워
- 달맞이꽃
- 세상으로의 여행
- 나는 마라토너다
- 세상을 다 가져
- 꿈과 열정 사이로

**프로필**

- 충남 예산 출생
- 인천대학교 법학과 졸업
- 경희대 행정대학원(사법행정) 졸업
- 대한민국학사장교 임관(학사21)
- 계간 『시세계』 등단(2015년)
- 문학세계문인회 회원
- (사)세계문인협회 회원
- 예비역 중령 전역
- 충북보건과학대학교 예비군 대대장
- 공저 『베이비박스에 희망을 싣고』(2집)

# 홀로 누워

난생처음으로
좁은 공간에
홀로 누워 있다
쿵쿵대던 엄마의 심장 소리가
점점 작아진다
좁고 아늑한 것이
다시 엄마의 배 속인가

사정이 있을 엄마를 생각해
조용히 기다려도 보고
울 때 뛰어오던 엄마를 생각해
목청껏 울어도 보고
밝은 곳을 향해
나름 기어가 보지만
처음 느껴지는 손길에 화들짝

엄마 품이 그리워 우는데
젖꼭지를 갖다댄다
어젯밤 엄마의 흐느낌이 스쳐 간다
낯선 이의 손길과 목소리에

궁금하지만
좀처럼 눈이 떠지지 않는다
두려움도 모른 채 홀로 누워 있을 뿐

# 나는 마라토너다

설레임과 두려움의 교차점에서
숨죽이고 내일을 기다린다

출발선에 선 나의 결의와 의용은
흡사 출사표를 던진 유비로다

달리다 구름 위를 달리기도 하고
혹독한 고통과 극한의 한계를 느껴가며 앞으로 앞으로 간다

고통과 한계의 문턱에서도 포기하지 않았던 나를 토닥이며
42,195에서 인생을 배워간다

지쳐 힘들면 잠시 쉬어가고 걸어가면 된다
부끄럽지 않게 달려온 나에게는 또 내일이 있다

나의 길엔 순위는 있을지언정 패자는 없다
그러기에 나는 승자인 것이다

# 달맞이꽃

가뭄 한복판에 논바닥 갈라진 틈새로
단비 같은 물방울이 수줍게 스며드네

긴 장마철 한숨 섞어 내뿜는 담배 연기 사이로
산 너머 멀리 보일 듯 햇빛 광선 속살 드러내네

오랜 세월 굳게 닫힌 빗장 무색하게
언제부터인지 누군가 들어와 한자리 차지하고 있네

내 걸 건드려도 내 걸 가져도 아깝지 않고
더 주고 싶은 이 마음 이상하네

내쫓기는커녕 나갈까 노심초사에
오늘밤 잠 못 이루는 나는 누구인가

우연히 찾아든 가슴속 한가득 내 사랑
새와 꽃들이 시기할까 두렵지만
다시없을 운명 무엇이 아깝고 두려우랴

# 세상을 다 가져

지금도 방황하며 표류하는 청춘이여
꿈조차 꾸지 못해 좌절하는 젊음이여

그대의 방황과 좌절이 어찌 그대 잘못이리
능력 펼치기도 전에 세상 등급 찍혀 밀려나는 세상
가진 자와 권력 앞에 좌절하는 세상 거미줄 속에서
누가 감히 앞서리

그래도 이대로 물러설 수 없다
보라 희미한 목표 향해 밤 지새우는 젊음
고달픔 참아가며 주경야독하는 청춘
그대 지금 아무것도 없다 좌절하지 말자
몇 번이고 부딪쳐 넘어지고 지쳐 쓰러질지라도
그대로 포기하지 말고 웃으며 일어나라
그대의 젊음으로 무엇이든 이루리니

호락호락하지 않는 세상
그대의 열정과 패기를 요구하니
보란 듯 높이 쳐들고 앞으로 나아감이 어떠한가
훗날 자랑스런 그대 모습 상상해보라

꿈을 향해 가는 젊음이여
그대의 열정과 패기, 도전 정신과 불굴의 의지만으로
당당하게 나아가자
세상을 가지러

# 세상으로의 여행

이슬처럼 신비롭다 하여 날 소유하려 한다면
오래 같이하고 싶어 와락 날 안는다면
당신은 사랑을 모르는 거예요

나는 비록 작고 보잘것없지만
우리가 모여 대지에 포근한 솜털 옷 갈아입힙니다
싱푸렀던 열매 잎사귀 어디 가고
앙상한 가지만 남은 나무를 살포시 안아 봅니다

이웃인 빗님 총각은 요란법석
나는 잠든 님 깰까봐서 숨 죽이며 다가가 아침을 기다리는 순백 새색시
나의 아름다움에 미소 지을 서방님을 생각하면서 말이죠

나도 저 높은 곳에서 출발할 땐
까마득한 세상이 무섭기도 하고
내려오는 내내 손발이 꽁꽁 어는 추위를 견뎌야만 하지요
그래도 무서움도 혹독한 추위도 마다하지 않아요
보람이 있음을 아니까요

해맑은 꼬맹이 입으로도
차가운 도로 위에도 계절 모르는 소나무 위에도
나를 보고 기뻐하고 행복을 느끼는 이들이 더 많기에
어디든 기꺼이 가지요

사실 저 혼자는 아무것도 아니랍니다
친구들과 함께라면
눈사람도 연인들의 눈침대도 되어
웃음과 행복을 만들어 내고
잠시나마 세상을 예쁘게 바꿀 수 있거든요

비록 오늘 녹아 사라질지라도 세상 보고 웃지요
우리가 모여모여 더 예쁜 세상 만들 수 있고
내 친구들이 내일 또 오니까요
우리 예쁜 세상 만들어 가요

# 꿈과 열정 사이로

저 끝 지평선을 응시하는
매서운 눈동자로
냉철한 이성
뜨거운 열정으로
힘찬 날갯짓에
구름도 바람도
자연스레 응원한다

미래를 향한 꿈과
내일이라는 희망이 있고
이상을 향한 도전과
젊음이라는 열정이 있다
심장의 뜨거운 피는
패기는 있으되
포기는 없노라 말한다

질주하는 그대
또 하나의 나의 바람 들어주오
어제오늘이 쌓여
내일을 이루니
꿈과 열정 사이로

따뜻한 배려와 나눔의 마음
잃지 않기를

나는 오늘도
높고 푸른 창공에서 바람을 가르며 날고 있다

# 윤 봉 덕

E-mail : deok4885@daum.net

**작품**

- 해독 불능인 암호
- 280일간 인연의 매듭
- 시작이라는 낯선 약속
- 별의 침묵
- 노을이 붉은 이유
- 흐린 날의 기적

**프로필**

- 서울 출생
- 월간 『문학세계』 등단(2016년)
- 문학세계문인회 정회원
- 화성시문인협회 회원
- 넝쿨문학회 회원
- 한국베이비박스문인협회 회원
- 시의 향기 밴드 동인
- 그루터기에 앉아 쉬는 바람 동인
- 수학 강사
- 캘리그라피 강사
- 이주 여성들 대상 한국어 티칭. 공부방 운영.
- 이원구 시집 『꺾이지 않는 대나무』 캘리그라피 시화 6점 수록
- 이원구 시조집 『대숲이 품은 노래』 시화 6점 수록

# 해독 불능인 암호

숨쉬기 어려운 하늘에서는 겨드랑이에
날개가 달린 두더지가 날아다녀요
튼튼하고 견고한 앞발로 구름을 조각내
오늘, 지붕이 없는 집을 짓는대요

난청을 앓고 있어 소리를 들을 수 없는
하늘, 그런 하늘을 닮은 땅에서는
날개를 잃고 나는 법을 잊은 갈매기가
땅 위를 저벅저벅 걸어 다니죠
말랑말랑한 땅 속을 걸어 다니며
바다는 더 이상 바다가 아니라네요

믿을 수 있나요? 말이 되냐고요

하늘에서는 두더지가 날아다니고
땅에서는 갈매기가 걸어 다니고
악보 속에서 발이 잘린 음표들이
튀어 나와 흥에 겨운 소리의 춤을 추고요

나뭇가지는 안테나 나무는 주파수를
맞추고 인간의 언어들을 해독 중

날아다니는 먼지가 인간의 조상이라면
인간은 죽어서 먼지가 되어
날 수 있을까요

우리가 한날한시 버리고 잊었던
믿음이라는 암호는
더 이상 해독 불능

# 별의 침묵

세상이 좁고 답답할 때
너의 영혼은
저 우주 속으로 날아갔다

먹물 같은 종이 위에
푸른빛으로 써 내려가는
너의 언어 속에는
빼금거리는 물고기의 입질만 보인다

수만 광년 빛의 열차를 타고
무중력과 고요 속을 유영하면서
방황하는 영혼의 푸르름이여

환생의 옷을 갈아입을 그 순간까지
영원히 이어질 무언의 입질이다

# 280일간 인연의 매듭

아름다운 사랑의 결실이라
이름 지어 부르기에는
애달픈 탄생의 꽃 한 송이

따뜻하고 아늑한 양수 속에서
손가락을 빨며 생명을 복제하는
너의 불안한 수고로움은
세상 풍파를 견디어 낼 인내와 끈기를
세포 하나하나에 각인시키는
지혜로움의 첫 발자국

이제 그 인연의 탯줄이 끊어지는 날
들려오는 너의 우렁찬 울음소리는
검은 새 떼들이 일제히 날아오르는 슬픔
화산이 폭발하는 공포의 굉음이었어

작은 상자 안에 편안히 놓여진
네 운명의 칼날 위에서
280일간 이어졌던 인연의 매듭은
더 이상 꼬임을 멈추고 풀리고 말았지

새로운 인연의 매듭은 시작되고
사랑과 행복으로 피어나는 꽃
희망의 빛줄기 되기를…

# 노을이 붉은 이유

당신에게 온전히 스며들지 못한
나의 도도한 사랑은 차라리,
핏빛 노을이 되어 스러지겠습니다

미완성의 슬픔, 그리고 사랑들은
단 한 번도 과녁을 명중시키지 못하고
노을 속으로 빗나가는 화살입니다

못다 한 언어들과
당신에게 보내진 나의 편지들은
하얀 심장으로 밀봉되어
공중에서 조각조각 끝나더라도

해일이 몰려올 예보의 바닷가

작별 인사를 할 때, 밀서들은

당신에게 전하여질 수도,
그렇지 않을 수도

이 모두가 스쳐 가는 바람일지라도

노을은 더욱 더 핏빛으로 짙어지고…

# 시작이라는 낯선 약속

하루의 끝자락이
무거워진 엉덩이를 머뭇거리며
낡은 의자에 걸터앉았어요

같은 장소 같은 시간에
떠나는 방법을 잊었나 봐요

시작점을 애써 찾아보려고
꺾인 고개를 돌려 보지만
잠시, 기억을 상실했어요

시작이란 언제나
생소하고 낯선 약속

쓰렁쓰렁하고 익숙하지 않아
남의 옷을 잠깐 빌려 입은 듯한
그런 날에는

하얀 눈 혹은 뜨거운 비가
낡은 의자를 그리워하며
찾아 헤매는 날이기도 해요

두꺼운 커튼 뒤에 몸을 숨기고
어색한 자신의 그림자를 지우려는
버거운 하루의 몸짓 속에는

시작이라는 생소하고 낯선 약속이
피흘리며 웅크리고 앉아 있어요

# 흐린 날의 기적

아담의 후예들은 에덴 동산에서 추방당한 이후부터
어둠 속에서 자신의 심장을 조금씩 뜯어내어 옷을 만들기 시작했어요

해가 뜨면 심장을 닮은 붉은 옷들은 스르르 녹아 없어지곤 해요
그러면 또다시 그들은 자폐증 앓고 있는 아이처럼 어둠 속에서
쉬지 않고 심장을 뜯어내어 두껍게 두껍게…
더욱더 두꺼운 옷을 만들어요

간혹 흐린 날이면 운이 좋아요
뜯겨진 심장의 흉터에서 새살이 돋아나 심장은 다시 강해져요
그러면 어둠 속에서 또 다른 두꺼운 옷을 만들 수 있어요

기적은 이렇게 흐린 날 이루어져요

# 이 경 상

E-mail : hugang@kbs.co.kr

## 작 품

- 녹차라떼
- 사각 팬티의 원시인
- 석유 램프의 추억
- 갓난 주검
- 베이비박스
- 불가사리
- 한밤의 도둑고양이 새끼

## 프 로 필

- 서울 출생
- 서울대학교 정치학과, 동 대학원 졸업
- 제3회 수안보온천 시조문예축전 신인상 시조 부문 등단(2016년)
- 계간 『시세계』 시 부문 등단(2016년)
- 문학세계문인회 정회원
- 한국시조문학진흥회 회원
- 한국베이비박스문인협회 회원

# 녹차라떼

주문도 하지 않은
녹차라떼

강에는 녹차라떼
물결

바다에는 녹차라떼
파도

마시려는 임자
없어 넘치고 넘쳐 흘러

떼거리로 썩어가는
녹차라떼

누가 누가 다
마시나

자연은 말이 없고
애꿎은 민물고기, 바닷물
고기들만 마시고

두 눈 꿈뻑꿈뻑 둥둥
떠 있구나

사람이 만들었으니
사람이 마셔야 하건만

사람은 나 몰라라

물고기들만
실컷 마시고 배탈 나
죽어가는구나

# 베이비박스

죽은 생명들이
산 생명을 살리려 사각 벤또에
타원 봉사하는데

너는 사랑의 자리를 고향으로
태어났는데

쓰레기로 버려지지는
않지만 어찌 살아야 하는가

죽은 생명처럼
사각의 차디찬 박스에 실려

어느 이름 모를 교회의
출입구 개구멍에 들이 넣어져

새벽의 도둑고양이 마냥
세상을 원망하는 소리만 남아

귀청을 찌르는가

잘 자라면
고흐보다 더 고흐 같을지도
이상보다 더 이상할지도 모르는 너

사랑이 과연 무늬라도
있는 게냐

세상은 좀 더 따뜻해도
좋으련만

너는 추억 같은
난로 위의 그리운 벤또만도
못하구나

# 사각 팬티의 원시인

무더워야 때로는 네가
무지하게 고맙다

산업과 도시의 바벨탑을
쌓아온 문명의 틈바구니 속에서도

네 덕분에 나는 웃통을
벗어던지고

사각사각 다가오는
밤에 사각의 팬티 차림으로
사각의 하얀 침대에 누워

루소의 자연으로
돌아가라는 경고를 반 정도는
지키고 있구나

합리화된 도구적
이성으로 겉은 번지르르한
외양에다가

인간의 왜곡된 감성은
야수같이 광포해져만 가고

서로가 서로를 죽이고
죽이려 하는 지옥의 묵시록이
예언처럼 실현되는

이 야만의 시대에
이 좁은 한반도에서 우리

핵의 꽃을 피워내 공멸할 것이냐
사랑의 꽃을 피워 공존할 것이냐의
선택의 기로에 서 있다

깊어가는 밤의 시곗바늘은
이미 자정에서 채 오분도 아니 남은
이 암혹한 시절에

다시 순수한 감성과
포근한 이성이 만나는 수평선 너머로
돌아갈 날을 꿈꾸는 나는

아직도 원시인인가

# 불가사리

밤하늘의 별 하나
조개들의 사는 이야기가
궁금해

바닷가 모래밭에
내려와 누웠다

하늘나라의 소식이
듣고 싶었던 조가비, 모시조개,
피조개, 소라조개는

별의 둘레를 뱅뱅 에워싸고
별의 말에 귀를 기울였다

하늘나라로 돌아가신
조상들의 신화와 전설, 설화들을
듣고 웃기도 울기도 하였다

별은 별대로 땅 위에
살아가는 미래 별세계의
영혼들에게서

고달픈 삶의 현실과 꿈,
희망과 절망의 사연들을 듣고

때로는 미소를 짓기도
하고 때로는 눈물을 흘리며
안타까워했다

밤새 모래밭에는
파도 치는 소리만 별과 조개들의
대화에 박수를 쳤다

불가사의한 일들은 주로
밤에 일어나는 법이다

# 석유 램프의 추억

침묵의 돌 속에도
몇 억겁 쌓였던 기름이 있어

쥐라기의 공룡들이
누볐던 세월이 한갓 화석으로
녹아들어

아아! 덧없음의 광음이
알라딘의 램프처럼 되살아난다

남포등의 심연에
발을 담그는 심지에 불을
붙이면

배암 혓바닥 같은
불꽃은 깜깜히 쳐들어오는 밤을
야금야금 먹어치우고

안양천변 뚝방 수문통집
밑으로 방아처럼 쿵쿵 흘러내리는
물소리에

어린 소년의 가슴에
귀신들의 전설이 하나, 둘
무서워지려 할 때

겁먹은 눈망울은
하염없이 램프등 불꽃만
쳐다만 본다

## 한밤의 도둑고양이 새끼

어디선가 들리는
아기의 비명 소리인가

도둑고양이 새끼 한 마리가
나의 잠도 도둑질한다

밤을 도둑질하러 떠난
어미 고양이, 아비 고양이를 애타게
부르는 애처로움에

새끼 잃은 슬픔에 창자가
끊어졌다는 어미 원숭이의 애끓는
고사가 문득 떠오른다

정작 어미, 아비
도둑고양이는 밤의 적막 속에
흔적도 없이 조용한데

아기 울음소리에
잠 못 이루는 나의 귀도 누가
도둑질해 갔으면 한다.

# 갓난 주검

너를 사생아로 낳은
연놈들이

베이비박스를 진즉
알았더라면

모텔 천장 속에
숨겨 버려지지는 않았을
것을

불 같은 장난에
기구한 운명으로 태어났다가

생명의 꽃이 채
자라보지도 못한 채 사그라져버린
피맺힌 절규여

세상을 탓하거라
세월을 탓하거라

# 이 미 선

E-mail : lyhlms@hanmail.net

**작품**

- 가슴으로 운다
- 난 정거장입니다
- 내 인생 제2 서막(序幕)
- 내 마음 별과 같이
- 동행
- 순백의 아가야
- 편지

**프로필**

- 충남 논산 출생
- 유아교육과 졸업
- 계간 『시세계』 시조 부문 등단(2015년)
- 계간 『시세계』 동시 부문 등단(2015년)
- 월간 『문학세계』 수필 부문 등단(2015년)
- 수안보온천 시조문학상 수상
- 『베이비박스에 희망을 싣고 2집』 창작문학대상 수상
- 문학세계문인회 정회원
- 한국시조문학진흥회 정회원
- 한국베이비박스문인협회 회원
- 어린이집 원장 18년차
- 공저 『베이비박스에 희망을 싣고』(1집, 2집) 『한국을 빛낸 문인』(2015년)

# 가슴으로 운다

어두운 골목 저 끝에
우리 아가 머무를 곳 보인다
힘겹게 힘겹게 살아온 삶
네가 없어도 힘은 들겠지?

입구에 다다르는 그 순간
우리 아기 웃는 모습 보이고
눈동자 마주친 순간
어미 맘 무너지며 가슴으로 운다

바라는 것 하나 없던 우리 아가
어미가 줄 수 있는 건 널 감싸고 있는
겉싸개뿐이구나

이 어미는 눈 감으면 떠오르는
아가 얼굴 그립고 애틋하여 눈물 흘리고
우리 아가 엄마 찾는 큰소리에
가슴 치며 눈물 흘린다

미안하다 미안해
수천 번 허공에 얘기하고

사랑한다. 사랑해
수만 번 혼잣말로 중얼거려본다

이 어미는 오늘도 무너지는
마음 추스를 길 없어 가슴으로 운다.

# 동행

나 살다가
당신 만났으니
혼자 걷던 이 길 같이 걷고 싶소
비바람 몰아쳐도
막아줄 이 없던 내게
든든한 울타리 생겼으니 당신과
세상 끝나는 날까지 동행하고 싶소

걷다가 강을 만나면
당신은 배가 되어주고
산을 만나면 지팡이 되어주시구려

걷다가 돌밭 길 만나면
난 당신만을 위한 튼튼한 신발 되어주고
가시밭길 만나면 당신 아프지 않도록
대신 지나가 주리다

당신과 나
동행하는 그 삶에
어떤 어려움 들이닥친다 해도
어차피 다른 누군가와 동행해야 하는
삶이라면 나 당신과 동행하고 싶소.

# 난 정거장입니다

혼자만 일찍 앞서가지 마세요
어울려 사는 세상 쉬엄쉬엄 맞춰 가세요
가다가 지쳐 힘에 부치면 잠시 들어오세요
난 정거장입니다.

어디까지 가시나요?
어디로 모셔다 드릴까요?
차표 필요 없이 행복 실어 날으는
저 버스 정거장으로 들어오네요

손에 손잡고 버스에 올라타는 모든 이들
얼굴엔 행복이 가득 가다가 지쳐 힘에 부치면
내일도 잠시 행복 충전하러 들어오세요
난 정거장입니다.

# 순백의 아가야

순백의 아가야 날아라!
더 멀리 훨훨 날아올라
너의 세상 펼쳐라

순백의 아가야
뛰어라! 더 높이 구름 위까지 뛰어올라
너의 꿈 향해 가라

순백의 아가야
보아라! 더 자세히 주위 살펴보아라
너의 손잡고 함께하는 이
보듬어 안을 수 있는 그런 사람 되어라.

# 내 인생 제2 서막(序幕)

요동치는 가슴
수줍은 미소
솟아오르려는 날개
곧 나올 듯 가려운 등가죽

어두컴컴하고 음습하던
길고도 짧았던
내 인생 공백기
조명 밝히는 순간

관객들 다시 북적이기 시작하고
무대의 막 올라가면서
우렁찬 함성과 박수로
내 인생 제2 서막 알린다

화려한 축배의 잔
절대 먼저 들지 않으리라
제2 서막 성황리에 끝내는 날
비로소 후회 없이 나 자신 돌아보며
미소 지어 보일 수 있는 날

끝까지 날 지켜준
내 인생 동반자와
모든 걸 아낌없이 내어주고
항상 믿어주신 부모님
눈에 넣어도 안 아플 내 새끼들
뭐든 나누고 싶은 사랑하는 가족들과
행복한 축배의 잔 나누련다.

# 편지

당신 이름 석 자 또렷이 써 내려가며
사랑을 고백하던 그 어느 날
내 눈엔 당신만 보였고
날 봐주지 않는 당신 원망해본 적 없습니다

당신 이름 석 자 또렷이 내 가슴에 새기며
추억으로 살아가던 그 어느 날
내 눈엔 당신이 보였고
안 봐 준다 날 원망하는 당신을 보았습니다

아름다운 나 혼자만의 사랑으로
간직하고 싶은 그 마음 모르시는 당신
내 사랑 너무 깊었기에 나 스스로
헤어나오지 못할까 두려웠답니다

뒤돌아선 당신 모습에서
어리석은 날 발견하고 시작도 못해 본
용기 없는 내 사랑에 후회도 해보지만
당신 그냥 보내 드리렵니다

당신 생각에 눈물로 지새울 이 밤을
너무도 잘 알지만 내 혼자만의 사랑은

고이 접은 주인 없는 편지 속에 묻어두고
당신 이름 가슴에 새기던 그날로 나
돌아가려 합니다.

# 내 마음 별과 같이

내 몸 따뜻이 비춰주던
태양 노곤한 듯 서산으로
조금씩 그 모습 감추기 시작하면
어디서부턴가 싸늘한 밤바람
내 가슴 헤집고 들어온다

길 잃고 헤매는 모습 안쓰러운지
저만치서 바라보던 별
손 내밀면 닿을 듯 다가와
환하게 밝혀주니 내 마음도 별과 같이
어느새 따뜻한 노랑 물들었네

얄미운 바람 다시 와
별과 같이 노랑 물든 내 맘
흔들어 놓을까
비춰주는 그 길 따라 발걸음 옮겨보니
내가 있어야 할 곳 바로 그곳이네.

# 이원구

E-mail : lwg90@naver.com

**작품**

- 대나무처럼
- 가온누리
- 시냇물 흘러가듯
- 솜처럼 따뜻하게
- 가지치기
- 대나무
- 댓잎의 노래

**프로필**

- 전북 김제 출생
- 전북기계공업고등학교 졸업
- 계간 『시세계』 시 부문 등단(2015년)
- 계간 『시세계』 시조 부문 등단(2015년)
- 제2회 수안보 온천시조문예축전 시조 부문 등단(2015년)
- 월간 『문학세계』 수필 부문(2015년) 등단
- 제13회 시세계문학상 시조 부문 대상 수상
- (사)세계문인협회 이사
- 한국베이비박스문인협회 고문
- 문학세계문인회 정회원
- (사)세계문인협회 정회원
- (사)한국시조문학진흥회 정회원
- 전북문인협회 정회원
- 김제문인협회 정회원
- 그루터기에 앉아 쉬는 바람 동인
- 링컨자동그리스 대표
- 시집 『꺾이지 않는 대나무』, 시조집 『대숲이 품은 노래』, 공저 『베이비박스에 희망을 싣고』(제1, 2집) 『하늘비 산방』(제6호~제7호) 『한국시조문학』(제7호~제8호) 『한국을 빛낸 문인』(2015년)

# 대나무처럼

지축이 기울어져 삐딱이 서 있어도
마음은 허리 펴고 올곧게 서고 싶다

저 푸른
대나무처럼
굳은 절개 지키며

욕심이 우물 가득 채워진 마음 샘에
두레박 던져 넣어 한가득 푸고 싶다

비워진
대나무처럼
검은 속을 비우며

# 가온누리

애들아
너희가 이 세상 가운데 서서
중심이 되어라

애들아
너희가 이 세상 이끌어 가는
중심이 되어라

애들아
너희가 이 사회 등불이 되어
중심이 되어라

애들아
너희가 이 나라의 기둥이 되어
중심이 되어라

애들아
너희가 우리의
꿈이고 희망이다

# 시냇물 흘러가듯

굽이굽이 흐르는
시냇물 따라
물속에 비추인 하늘아
어디를 그리도
졸졸 따라가느냐

시냇물 속 하늘아
지금은 비록
작은 하늘이지만

부지런히 내려가
강을 만나거든
큰 하늘이 되어라

그곳을 지나며
많은 것을 배워라
앞으로 더 큰 세상이
너를 기다리고 있단다

# 솜처럼 따뜻하게

습기가 배어들어 무거운 몸이 되면
그 속은 병이 들며 자꾸만 썩어가고

슬픔도
아픔까지도
천근만근 쌓인다

가슴에 쌓지 말고 사랑으로 다가서서
솜처럼 부드러운 따뜻한 사람으로

포근한
솜 같은 사랑
나누며 살아가자

# 가지치기

욕망을 이고 지고 내 것이 된다 해도
비우지 못한 몸은 시름만 주렁주렁

바라던
상등품의 꿈
사라지고 만다네

가위를 들고 서서 욕심을 잘라내면
새하얀 눈망울은 꿈으로 자라나고

꽃피고
희망이 되어
웃음으로 온다네

# 대나무

매끈한 시간 속에 두꺼운 마디마디
현안의 삶 속에서 굳은살 만들면서

거세게
부는 바람을
연륜으로 맞서고

아픔을 이겨내고 잉태한 잔가지도
비우고 채워가는 그 깊은 속마음은

어미를
닮아서인지
푸른 잎을 틔운다

# 댓잎의 노래

스르륵 다가와서
댓잎이 노래한다

바람이 도와줘서
네 노래 내가 듣듯

서로가
어우러져야
깊은 소리 낸다고

서로가 몸 비비며
댓잎이 춤을 춘다

손잡고 흥에 겨워
노래도 부르면서

혼자는
낼 수 없는 곡
아우러져 흥겹다

# 淸雨 장 선 호

E-mail : jsh051337@hanmail.net

**작품**

- 행복을 머금은 시인들
- 담장 위 장미
- 아름다운 만남
- 인생
- 기도
- 시(詩)를 낳다
- 소녀상

**프로필**

- 전남 광양 출생
- 계간 『시세계』 시 부문 등단(2015년)
- 월간 『문학세계』 시조 부문 등단(2015년)
- 한국베이비박스문인협회 대표
- 문학세계문인회 정회원
- 한국시조문학진흥회 회원
- 청풍명월 정격시조문학회 회원
- 한국시조시인협회 회원
- 책속의 한 줄 희망 동인
- 그루터기에 앉아 쉬는 바람 동인
- 다솔문학 동인
- 한 · 문 · 작 동인
- 세진정공 대표
- 공저 『베이비박스에 희망을 싣고』(1집~2집) 『하늘비 산방』(제6호) 『한국을 빛낸 문인들』(2015년~2016년) 『초록 물결』 외 다수

# 행복을 머금은 시인들

시절의
흐름 속에 노을이 짙어가고
어둠에 쌓인 꽃잎
숨죽인 밤이건만
품 안의 아이의 꿈은
방랑길을 오른다

아비를 원망하랴
어미를 원망하랴
깜깜한 밤길 위에 빛 잃은 반딧불이
길 잃고 흐느껴 울며
행복 찾아 헤맨 날

순간을 외면하면 꽃잎이 떨어질라
가슴을 쥐어짜며
희망의 시를 쓰는
행복을 머금은 손길 두 손 모은 마음들

# 기도

님께로
가는 길은 눈물의 길이런가
세상의 모든 꽃들
가슴을 쥐어짜고
근심 속 움켜쥔 욕심
님의 마음 젖을라

빛바랜 사연들은
한숨을 토해 내고
고비길 돌고 돌 제
행여나 넘어질라
뙤약볕 열매 익듯이 기다리는 님이여

근심이 무엇이랴
하늘에 맡긴 내 삶
무르팍 조아려서 말없는 침묵으로
흐르는 눈물 주르륵
채워지는 기쁨들

# 담장 위 장미

당신이
보고파서
수줍은 미소 품고
까치발
슬그머니
가슴이 뛰는 하루
담장 위 기어오르면
행여 쉬이 보일라

하늘은
잠잠한데
마음은 파도 타고
맺을 수 없는 사연
시절을 덧칠하랴
미풍에
간들거리며
애타는 맘 토하네

# 시(詩)를 낳다

노을이
대지에 녹아들고
시절이 가슴을 파고든다
모두들 거부할 수 없는
무언(無言)의 흐름 앞에
그렇게 사라지고 있다

초승달이
태양을 삼키고
서로의 흔적이 사라지면
길 잃은
허기진 시인은
뾰족한 달을 삼키고
밤새껏 토악질하다
글밭에 여명을 낳는다

# 아름다운 만남

날갯짓은 달라도
옷깃을 여민
세월에 물든 흔적들은
이마 위 물결 이루고
졸던 추억을 깨운다

푸념 속 이야기는
소싯적 노닐었던
서로의 지난날로 향하고
우리는 어느새
잠자던 고향 길을 거닐었다

가물거린 서로를 안고
움츠린 기억들이
포말처럼 부서져
가슴속을 평정할 때
우린 또다시 웃음을 만들고

겹겹이 쌓인 계절
거짓과 위선을 벗고
목 터져라 부르는 한 소절에

서로는 알알이 여물어
다시금 튼실한 우정을 튼다

우리는 늘 반갑다
해맑은 웃음 속
만남은 서로를 일렁이고
반짝이는 추억을 남기며
마른 가슴을 토닥이며 흐른다

근심이 바람 난 오늘
달이 유난히 밝다
희망찬 시절을 그리며
또다시 각인되는 추억들
우린 오늘 또 하나의 은하수를 이룬다

# 소녀상

가엾은
삶이어라
눈물이 내 이루고
희망을 갈기갈기
세월은 매지구름
비바람
풍상고초에 밤을 삼킨 나날들

못다 핀
꽃봉오리
한 맺힌 설움이여
청춘이 무엇이더냐
통곡하던 세월아
말 못할 사연을 안고
등이 굽은 푸른 솔

# 인생

화려한 인생살이
흐르는 물이어라

시절을 넘나드는
아련한 추억들이

심연의 골을 타고서
시나브로 날린다

말없이 흘러내린
세월의 눈물인 듯

거니는 곳곳에는
애절함 차곡차곡

희망에 물든 추억이
우리 인생이런가

# 정이란

E-mail : ds5kks@naver.com

**작품**

- 새벽 기도
- 월요일 아침
- 미역국
- 그대 내게 행복을 주는 사람
- 베이비박스에 희망을 싣고
- 행복이 행복이에게 말합니다
- 수요일엔 빨간 장미를

**프로필**

- 『서정문학』 시 부문 등단(2015년)
- 월간 『문학세계』 수필 부문 등단(2016년)
- (사)서정문학 정회원
- 한국서정문학작가협회 정회원
- 문학세계문인회 정회원
- 한국 베이비박스문인협회 정회원
- (사)한국문학작가회 정회원
- 문학愛작가협회 정회원
- 다솔문학 회원
- 코끼리 놀이방 어린이집 원장 역임
- 진성 속셈학원 원장 역임
- 춘천 한샘 고등학교 근무
- 행복한 다육이 대표
- 족심도 풋&힐링 대표

# 새벽 기도

퍼렇게 날이 새기 전
새벽길 걸어 교회 문을 연다
을씨년스러운 예배실
묵념과 함께 젤 앞자리에 앉아
중보기도를 한다
고민하고 고뇌하는 마음을 털어버리고
내 마음과 다르게 흐르는 시간들을
붙잡고 중보기도를 한다
원하는 것을 기도하는 것이 아니라
믿음이 더 강해지기를 기도한다
유난히 추운 동장군 같은 칼바람 속에
더 이상 힘들어하지 않고 원하는 대로
믿는 대로 주께서 주시옵길 믿습니다
간절함이 더해 끝내 눈물을 흘리고
가슴 저 밑바닥을 차고 있는 응어리들을
하나둘씩 털어내며 기도한다
눈물을 거두며 한결 가벼워진 마음을 안고
가벼운 걸음으로 훤히 밝아오는 아침 길을
음미하며 귀가한다
아침 해가 밝아지듯 희망도 떠오르길 바라며—

# 베이비박스에 희망을 싣고

네모난 공간
작은 틈
그곳에 어린 생명이 운다
겨우 숨을 쉬며
따뜻한 손길이 오기를
작은 입술을 오물오물거리며
온몸을 떨며 기다린다

엄마 잃은 줄도 모르고
아빠 잃은 줄도 모르고
오직 작은 숨만 내쉬며
따뜻한 손길이 오기를 기다리며
애가 탄다

어리고 귀한 생명
그 누가 하찮다 하였는가
모두가 귀한 존재
생명은 소중해야 된다

아가야 어여쁜 아가야
소중하게 크거라
귀하게 크거라

사랑한다

# 월요일 아침

새벽 공기 유난히 차가웁고
햇살이 맑은 아침

분주한 움직임 속에
유난히도 시끄럽습니다

놓치는 것 없는지 잘 챙기고
기분 좋게 하루를 시작해봅니다

마음은 상쾌하게
시작하는 마음으로

새롭게 새 출발 해 보아요
아자아자 활짝 웃어보세요

당신의 얼굴에 행복이
피어납니다

# 행복이 행복이에게 말합니다

흐르는 세월
수많은 시간
그 속에 보석을 찾았습니다

세상 가득
끌어안을 힘이 생겼으며
더없이 행복해집니다

하루 종일 햇살이 내리쬐도
당신 생각에
눈이 부십니다

새삼 삶의 중심 안에
다시 태어나네요
사랑이란 이름으로

# 미역국

미지근한 물에 미역을 불리고
빡빡 치대어 고슬고슬하게 한다
물기를 탈탈 털어내고
참기름과 들기름을 섞어
미역을 달달 볶고
진득한 진이 나올 때까지 볶아낸다
소고기를 고슬고슬하게 볶아내어
알맞게 미역과 섞어 놓고
적당히 찬물을 붓고 팔팔 끓여내어
간을 맞추고 다시 한 번 더 끓여낸다

맛있다, 한 그릇 뚝딱 비워내는 그 맛
여기다 떡국을 넣어 아침식사 대용으로도 좋고
만두를 넣어도 근사한 맛이 난다
맛깔스러운 미역국에 찰밥 한 술 같이 먹어도
생일이 되고 축하받는 기분이 된다
친정엄마가 문뜩문뜩 떠오르게 하는
미역국 한술 뜨며 아— 우리 엄마는 나를 낳으면서
따뜻한 미역국 드셨을까 몸조리는 잘 하셨을까
마음 한구석이 아려온다

딸아이에게 미역국 한 사발 떠주며
맛있게 먹으렴— 하고 머리를 쓰다듬어 준다
이다음에 커서 시집가면 이 엄마가 끓여준
미역국이 생각날까 내가 엄마가 되니
엄마 맘을 알듯이 내 딸도 엄마 맘을 알아줄까
많이 먹으렴—

# 수요일엔 빨간 장미를

비가 온다
수요일이다

비가 오는 수요일엔
빨간 장미를 사 오는 남자가 있다

퇴근길에 비가 와서
샀단다
빨간 장미가 유난히 이뻐 보여
당신이 생각나서 사 봤어

이상하게 비가 오면
당신이 생각나고
빨간 장미가 더 예뻐 보이는지

당신을 보면 진한 선홍빛 크림슨색
빨강이 떠올라
무엇을 하든 열정적으로 하는 모습을
봐서 그런가

당신을 보면 조금 연한 파스텔색
레드가 떠올라

당신이 책을 읽거나 글을 쓸 때
더욱더 그래

비가 오면 빨간 장미가 사고 싶어
당신에게 내 마음을 전해주고 싶기에

당신 너무 예뻐—

# 그대 내게 행복을 주는 사람

당신을 보고 있으면
흐뭇해지는 이 마음을
어찌 감당할 수 있으리오

바람에 나풀거리는
당신 뺨에 흩어지는
까만 머리칼이 되고 싶은
이 맘을 아시나요

가끔은 저를 향해
미소 지어 주세요

당신의 미소를 보며
행복해지고 싶습니다

당신의 눈빛을 보며
행복해지고 싶습니다

# 최 정 호

E-mail : kingjung931@naver.com

**작품**

- 목련 질 때
- KTX
- 캡틴
- 매화
- 기다림
- 구름
- 배경

**프로필**

- 전북 완주 출생
- 전북대학교 평생교육원 수채화 · 문예창작 수강
- 우석대학교 평생교육원 시 창작 수강
- 월간 『문학세계』 시 부문 등단(2015년)
- 『수필문학』 수필 부문 등단(2015년)
- 제10회 세계문학상 시 부문 본상 수상
- 제11회 세계문학상 수필 부문 대상 수상
- 제13회 문학세계문학상 시조 부문 대상 수상
- 문학세계문인회 정회원
- 월천문학 회원
- 봉동 중앙교회 은퇴장로
- 상이군경 국가유공자
- 무공 수훈 국가유공자
- 월남참전 국가유공자
- 시집 『노을꽃』, 수필집 『외딴 오두막』

# 목련 질 때

눈처럼 시리던 명주 치마
삼일 밤 지새우더니

꿈틀대는 열정 참을 수 없나
철부지 어릿광대 투정 부리나

겉치마 훌렁훌렁 벗어던지고
스르르 속치마 잡은 손 놓는다

단벌 옷 생각 못하나
얼룩이 점 하나 잔주름 없건만

달빛에 피어나는 눈꽃처럼
요람을 헤치는 신생아 볼처럼

빛바래지 않은 눈부신 비단 치마
한 겹 두 겹 벗어던져 휴거하려나

# 기다림

하늘서 꽃잎 뿌려 꽃 우산 받쳐주고
비 온 뒤 산뜻하게 벚꽃 잎 듬뿍 뿌려
상큼한 핑크빛 카펫 눈부시게 깔았고

꽃비가 머리 위에 퍼붓듯 쏟아질 때
꽃향기 취하여도 가신 임 돌아올 땐
옆에서 어깨가 되고 지팡이가 되리라

꽃가지 머리 위에 사뿐히 나비처럼
환하게 웃으면서 떠난 임 오신다면
맨발로 뛰쳐나가고 여왕처럼 모시리

꿈처럼 기적같이 눈앞에 나타나길
지쳐서 주저앉고 어두워질지라도
찬 이슬 온 밤새도록 이 자리를 지키리

## KTX

겉옷 벗으려다
께벗은 오월의 장미꽃 환송 받으며
날아갈 듯 가랑잎 흰 모자
짐이 되는 전주역

용산역 점 찍고
그림자처럼 미끄러지는데
느낄 듯 말 듯 꼬소름 되는 고속열차
시월의 요람 속 들창문 내린다

타임머신 올라타고
장미꽃 꺾어 입에 물고
기러기 발목 잡아
코스모스 언덕을 넘어

무서리 엉기는 늦가을 속
앞섶을 벌리는 알 암의 앞가슴
어루만지다 화들짝

눈뜨며 창문을 보니
눈 깜빡할 사이
자막처럼 스치는 한강 철교

# 구름

어제는 고갯 친구가 다녀갔는데
오전엔 술 취한 망나니가 오바이트 했나 보다
발 뿌리 걷어 차인 잉크병 굴렀다

연한 코발트 화판 하늘만큼 팔 벌려
색종이로 갈아 끼웠나 보다

유치원 꼬마들 한바탕 낙서를 한 뒤
이름 없는 화가들 떼거지로 몰려와
담배 연기 내뿜어 뭉게구름 연기 된다

어느 날은 피카소도 흉내낼 수 없는
날아가는 그림들이 화폭을 메우고

고개만 쳐들면 무한 리필 명품들
꿈틀꿈틀 변형되는 숨 쉬는 그림나라
한눈팔면 구름 되는 순간의 벽화마을

# 캡틴

갈까마귀 홀로 맴돌아
산양마저 발 못 붙이는 곳

주무르다 내던진 쇠머리 찰떡
공깃돌 고이듯 바들바들 탑을 쌓아
구름을 뚫고 하늘을 찌르는 황산

안개구름 피어올라
외길 가로막힌 케이블카
코앞도 분간 못할 제로의 시정거리
급제동 박치기도 없지만
외줄 잡아 턱걸이 하면서 구름 속 널뛰느라
잡은 손 놓칠 땐 천하 만하 지옥 길
신들린 두 다리 비경은 뒷전이고

조여드는 새가슴 살얼음 엉기지만
날개도 없이 추락하지 않고
귀신같은 선장이다
멀쩡히 도크에 닻 내린다

# 배경

우사 옆 오솔길
컹컹 벼락 치는 소리에
철렁 뚝 간 떨어진다

담 뛰어넘으려고
목줄 끊어질 듯 앞발 세워
드러내는 번쩍이는 송곳니
목 빠지도록 널뛴다

조동아리 찢어져 숨넘어가고
들썩들썩 우사가 무너지는데
세운 이빨 침 흘려 면도날 된다

몽둥이 휘둘러 겁주어도
주인이 옆에 있는 한
눈앞에 몽둥이 허풍이라는 것
귀신 다 되었다

# 매화

망울 망울 젖망울 튀밥 튀겼다
솜털머리 귀밑에 빼곡히
아장아장 걸음마 엊그제인데
임 맞이할 차비를 하나 보다

맨살 드러내 몸서리치지만
발정 웃자라 고개 쳐들고
입술 내밀어 립스틱 칠한다

창문 열어 오들오들 실눈 뜨면서
된서리 호호 손가락 불어도
분홍 팬티 엉덩이 걸친다

춤추는 눈발 입김 불어 날리며
좁쌀 가슴 눈꼬리 곁눈질
살랑살랑 뛰는 가슴 흘린다

# 영혼을 밝히는 소리, 한 줄기 빛이 되다

김전
(시인, 문학평론가)

갈대 상자 하나가 애굽 땅 나일 강가 갈대숲에 있었다. 이걸 본 애굽 공주가 상자를 열어 보고 석 달 된 사내아이를 자신의 양자로 삼았다. 이가 곧 이스라엘 민족을 애굽 땅에서 구한 민족의 지도자 모세다. 구약 성서에 나오는 갈대 상자 이야기다.

유대인 여인이 사내아이를 낳으면 나일 강에 던져버리라는 애굽왕의 추상같은 명령이 있었다. 사내아이를 낳은 한 유대인 여인은 3개월 동안 숨겨온 아이를 갈대 상자 속에 넣어두고 구원의 손길을 기다렸다.

현대판 갈대 상자인 베이비박스는 자칫 버려질 생명을 구원하는 빛의 역할을 하고 있다.

이 일은 2009년 12월 서울 관악구에 있는 '주사랑공동체교회' 이종락 목사님으로부터 시작되었다. 이 분은 '한 생명은 천하보다 귀하다.' 는 성경 말씀을 실천하고 계신다. 6

년 동안 1,050명의 생명을 구했다고 한다.

여기에 뜻을 같이하여 동행하는 '한국베이비박스문인협회'는 이 땅에서 빛과 소금의 역할을 담당하고 있다. 이 분들은 사회적으로 관심을 모으기 위해서 시로써 영혼을 밝히는 한 줄기 빛이다. 한국베이비박스문인협회는 그동안 문학 활동을 통하여 베이비박스의 중요성을 일깨우는 첨병 역할을 하고 있었다.

그간 필자는 이들의 문학 활동을 지켜보면서 많은 것을 느낄 수 있었다. 이번에도 공동 시집 『베이비박스에 희망을 싣고』 3집을 펴내면서 사랑과 행복을 나누고 있다. 이 책 속에는 따스한 희망이 담겨 있다. 문학을 통하여 서로 교류하고, 베이비박스의 효용성과 사랑의 아픔을 시로써 널리 알리고 있다. 아름다운 세상을 만들고자 노력하는 시인들의 노력이 별빛으로 반짝이고 있다.

한국베이비박스문인협회 회원들의 진솔한 목소리를 들어보자.

뜰 한편
잠시 빌려 쓰고 갈게요

봉숭아 과꽃 백일홍 참나리
키 작은 채송화 줄줄이 피어나는
여름 한 뜰

악쓰고 우는
매미도 순간순간
외로웠겠지요

그리움은 각자의 몫이라는
젖은 바람의 말

노랑나비 한 마리
다가와

뜰 한편
잠시 빌려 써도 되나요

마른바람도
노랗게 출렁이며
꽃그늘도 빌려 주시나요

— 고은주, 「엄마의 뜰」 전문

우리 모두가 이 땅에 와서 자연을 공짜로 빌려 쓰고 갈 뿐이다. 아웅다웅 몸부림치다가 결국은 모든 것 놓고 떠날 수밖에 없다. 이 작품은 많은 것을 생각하게 한다.

엄마의 마음처럼 한없이 넓은 것이 엄마의 뜰이다. 이 뜰에서 잠시 쉬었다 가는 게 우리들의 삶이다. 가슴으로 와 닿는 산뜻한 작품이다.

봉숭아, 과꽃, 백일홍, 참나리, 채송화, 매미, 노랑나비가 등장하여 엄마의 뜰을 가득 채우고 있다. 이미지가 선명할 뿐 아니라 각운 '요'가 반복되고 있어 읽을 때 리드미컬(Rhythmical)하게 읽혀진다. 진한 감동을 느낄 수 있고 재미도 주는 작품이다.

엄마 추워
여기가 어디야

미안해, 미안해

엄마 배고파
젖 줘요
사랑해, 사랑해

엄마 무서워
밝은 곳으로 가
그르자, 그르자

엄마 어디 가
함께 있으면 안 돼
어떻게, 어떻게

엄마 왜 그래
이별은 왜 해
아가야, 아가야

엄마 왜 울어
정말 버릴 거야
흐 흑! 흐 흑!

피를 끊고, 살을 갈라
생이별하는구나

선택이 아닌 숙명임을
어찌 모르는가

— 권희건, 「베이비박스」 전문

베이비박스에 들어가는 순간을 서사적으로 묘사하였다. 숙명적인 이별의 아픔을 적었다. 어쩔 수 없이 헤어져야 하는 엄마의 마음은 어떨까? 새로운 만남을 통해 살아가야 할 모습을 적나라하게 잘 묘사하였다. 아가의 간절한 마음도 잘 나타내어 보는 이의 가슴을 애타게 한다. 독자들에게 던져주는 이 시의 메시지가 진하게 다가온다.

아가
엄마는
널 통해 세상에 다시 나고
너를 통해 세상을 다시 본다

아가
우주 만물이 너로 인해
새로워지는
이 경이로움을

엄마는
사랑으로
너에게 보낸다

— 김숙현, 「너로 인해」 전문

탄생은 하늘이 열리는 경이로움이다. 탄생의 경이로움을 잘 표현했다. 이 시는 3행으로 음악적 요소를 지니고 있다

아가는 새 생명체이다. 아가의 탄생으로 새로운 세상을 보는 엄마의 마음과 아가의 마음을 엿볼 수 있다. 엄마의 사랑이 짙게 녹아 있다. 아가는 사랑이며 미래의 기둥이다. 이 시에서 화자의 따스한 마음이 잘 묘사되어 있다.

밝은 빛을 따라
홀리듯 끌리어 간 안식처
두 개의 사랑이
품은 하나의 심장

사랑의 결실이
만들어낸 신비로움의 결정체
거르고 걸러낸 강인한 생명력
조물주의 걸작 탄생

사랑으로 키워낸 고귀한 선물
열 번의 달이 뜨고 질 동안
태양을 끌어안고
바람을 등지고
금이야 옥이야 정성을 쏟고

세상 밖 입문식 시키던 날
천하를 얻은 가슴 벅참에
심장은 달궈지고
환희에 찬 결심은 위대함이 되었으리라

— 김장미, 「탄생」 전문

세상에 새로운 생명이 탄생하는 순간은 숭엄하다. 그리고 가장 아름답다. 이 생명들은 어머니의 사랑을 먹으며 세상의 축복 속에서 태어나게 된다.

열 달 동안 많은 태양을 끌어안고 바람을 등지고 정성을 쏟은 결과물이다. 그래서 한 생명이 태어나는 것은 의미 있는 일이다. 무한의 가능성을 안고 태어난 아이들은 위대한 미래를 열어갈 희망이라고 생각한다.

이러한 목적시는 자칫 문학성을 잃어버릴 우려가 있다. 그러나 이 작품은 낯설기 기법으로 시적 극대화를 잘 나타내고 있다.

까만 눈동자
나지막한 코
오물거리는 입
어느 하나
사랑스럽지 아니한 것이 없다

꼬물거리는 발가락도
온 힘을 다해 움켜쥐는 손가락도
들쑥날쑥 움직이는 배도
모두 다 그러하다

숨죽여 널 바라본다

넌
사랑이다
미소다
기쁨이다
행복이다

— 김정오, 「축복」 일부

세상을 보는 눈이 긍정적일 때는 모든 것이 아름답게 보인다. 화자는 세상을 아름답게 보고 있다. 아름답게 보이는 눈에는 감사함이 따른다. 박목월 선생님께서도 작고 귀여운 것이 아름답다고 말씀하셨다.

'오물거리고, 꼬물거리고, 들쑥날쑥' 같은 의태어를 사용하여 시의 생동감을 불어넣고 있다. 아가에 대한 외양 묘사와 함께 화자의 느낌도 잘 나타내었다. 아가를 사랑, 미소, 기쁨, 행복으로 나타내어 아름다움의 극치를 보여주고 있다.

물 위에 띄운 너
모래 한 알에 일렁였고

하늘 구름에 실은 너
바람 입김에 흩어지고

땅 위에 그린 너
줄지은 개미 떼에 묻히고

내 안에도 일렁이는 물결 있나
내 안에도 입김 부는 바람 있나
내 안에도 개미 떼 줄지어 가나

아스라이 번지는 너
서서히 흐려지는 너
차츰차츰 잊히는 너

— 도현미, 「지워가네」 전문

우리들의 삶도 모든 것을 지워가면서 살아가고 있다. 이 시는 한마디로 깔끔하다. 회화적인 요소가 주류를 이루고 있다. 시선을 살펴보면 물, 하늘, 땅으로 옮겨진다. 물결, 바람, 개미 떼에 의해 모든 것이 지워진다. 이런 것들에 의해 내 마음도 지우고 싶다는 간절한 소망이 들어 있다.

이 시는 리듬감이 있고 다분히 교훈적이다. 시의 행과 행, 연과 연 사이에 유기적인 관계의 끈으로 단단히 이어져 있다.

나뭇가지를 타고
하얀 달이 내려온다

넓은 도화지 하늘에
힘든 세상의 그림자를
하나씩 새기며
내게로 달이 온다

고난과 역경도
시기와 질투와 오해도
녹인 듯 별을 만들며
사랑 빛으로 다가온다

어두운 밤이 지나
태양의 시련도 이겨내고
또 밤 깊어 잠 못 이룰 때면
어디쯤 와 있을까

그렇게 그렇게
손에 잡고 안을 때쯤이면
따뜻한 보름달이겠지
아름다운 사랑이겠지.

— 문문자, 「보름달」 전문

보름달을 의인법으로 처리하여 생동감을 주고 있다. 보름달이 어두운 곳을 밝히면서 찾아온다.

보름달은 여기서 구원자로 보인다. 모든 시련과 어려움을 물리치는 매개체로 상징화 시킨 점이 좋았다. 시인은 개성적 상징화를 통하여 시적미감을 최대한 올리고 있다. 또한 긍정적인 자세로 세상을 보고 있다. 시인은 이런 자세가 되어야 한다.

언제나 보름달이 다가와서 조용히 속삭이며 우리들의 어려움을 녹여줬으면 좋겠다. 어두운 세상에서 보름달을 가슴에 안고 살아간다면 얼마나 행복할까?

지적 장애 1급의 우야는
무슨 말을 하든 '네'
'여기요' '선생님' '아니 아니'
가끔 '이모' 라고 부르는 것이
사용하는 말의 전부다

하지만 인사 하나는 잘한다

태어나 돌 지나면서부터
장애가 있다는 걸 알고
시설로 보내졌다가
중학교 들어가면서 집에 오갔다

스무 살이 넘은 지금도
세상과 타협할 줄도 모르고
시키는 대로 말 잘 듣는
세 살 아이의 지능에서 멈추어 버렸다

아마도
천사가 세상 구경하러 내려왔다가
각박한 세상에 놀라
아기 천사로 있다가 하늘로 가려나 보다

— 서수정, 「스무 살의 천사」 전문

지적 장애아에 대하여 묘사한 글이다. 세상에서 가장 정직하게 살아가는 아이들이 지적 장애아이다. '세상 사람들은 바보라고 손가락질할지라도 이런 바보 같은 사람만 살아간다면 세상은 아름다울 것이다.' 라고 바보 같은 생각을 해본 적이 있다.

지적 장애아도 행복하게 살아갈 권리가 있다. 부모의 가슴에 평생 못을 박고 살아가지만 그들은 아름다운 마음으로 살아가고 있다. 정상인이라고 우겨대는 우리가 장애인인지도 모른다.

이 작품은 마지막 행에서 아름답게 대미(大尾)를 맺고 있다. "각박한 세상에 놀라/ 아기 천사로 있다가 하늘로 가려나 보다"

별도 뜨지 않은 까만 밤에
소리 없이 흘리는
당신의 눈물을 보았습니다

끝없는 아픔의 고통을
저희에게 보이지 않으시려는
말 없는 슬픔을 보았습니다

한 번도 말씀해 주시지 않는
당신이 미워
저도 따라 볼을 적십니다

그러나 조금은 알 것 같습니다
산처럼 묵묵히 서 있던
당신의 삶을
이제는 사랑하렵니다

— 선지현, 「아버지」 전문

진솔한 시는 독자들에게 감동을 줄 뿐 아니라 공감을 줄 수 있다. 이 작품은 아버지의 은혜를 뼈저리게 느끼게 한다. 1 · 2연에서는 아버지의 눈물, 말없는 슬픔 등으로 아버지의 모습을 묘사했고, 3 · 4연에서는 화자의 눈물, 아버지 사랑으로 이어지는 시적자아의 모습을 묘사하였다.

눈물은 감동의 원천이다. 아버지의 눈물과 화자의 눈물을 제시하여 아버지와의 자아일체를 이루고 있다. 아버지의 사랑을 성공적으로 이끌어낸 작품이다.

쇳덩이의 싸늘한 품은
구멍 난 모성에 찾아들고
잃어버린 탯줄은
쓰레기통에 처박혀도
꿈을 꾸듯
아이는 웃는다

화장실 바닥에 뒹구는 모성
이불에 싸여

철장에 버려지고
쓰레기통에 버려진 모성은
눈물 없는 죄책감 대신
'그래도….' 라는
합리성을 쇳덩이 박스에 봉인한다

베이비박스에서
다시 태어난 여린 생명 하나
어미의 젖가슴 대신
싸늘히 식은 우유병에 허기를 달래고
버려진 어미의 향기에
어미를 꿈꾸며
환하게 웃는다

베이비박스에
천사의 미소가 가득하다

— 손장순, 「천사의 미소」 전문

베이비박스에 들어오기까지의 모습을 서사적으로 잘 묘사하였다. 죽어야 할 아이들을 살리기 위한 장치가 바로 베이비박스이다.

'쇳덩이 싸늘한 품', '잃어버린 탯줄은 쓰레기통에 처박혀도' 여기에서는 비참함이 느껴진다. 비정한 어미의 모습을 묘사하는 부분이다. 그러나 베이비박스에서 새 생명을 찾을 수 있으니 이건 또 다른 축복이다.

'천사의 미소가 가득하다' 에서 천진난만한 아기의 모습을 잘 나타내었다. 1 · 2연과 3 · 4연은 대조가 된다. 버림과 만남의 구조이다.

이 작품은 단단한 구조로 이루어졌다. 그리고 주제의 선명성과 함께 창조적 상징으로 시적 극대화가 잘 이루어졌다.

송두리째 빼앗긴 가슴
어둠은 날 가두고
답답한 공기 날 짓눌러
허공을 허우적대는 나

낯선 인기척 차가운 공간
두려움은 날 압박하니
울음으로 물어봐도
대답하는 이 없네

낯선 향기
어지러운 미소
울다가 지쳐 잠든 꿈속에서
가슴을 더듬어 꽉 깨문다

허전함에 깨어보니
낯설은 친구들 뿐
큰 소리로 불러도
나오지 않는 목소리 뿐

기다리면 찾아오겠지
기다리면 찾아오겠지
울다 지쳐 잠이 든다
울다 지쳐 잠이 든다

— 신현각, 「베이비 박스」 전문

유기된 아이들의 모습을 묘사하였다. 어둠 속에서 가야 할 길은 멀다. 낯선 친구들과 머나먼 여정을 떠나야 한다. '기다리면 찾아오겠지' 가 반복적으로 이어진다.

그 소리가 메아리로 들려온다. '울다 지쳐 잠이 든다' 도 반복적으로 이어지면서 리듬감을 주고 있다. 가슴이 먹먹해 온다.

냉정한 사회 현실 속에서 살아가는 아기들의 모습이 눈에 선하다. 독자들의 가슴을 서늘하게 만들고 있다.

메마른
감정의 대지에
그리움의 비가 내리면
딱딱한
고독의 허물을
숙명인 듯 등에 지고
그대 그리움 마를세라
부지런히 걸어보지만
그대 생각 하얗게 말라
지나온 길에 내려앉는다

또다시 밀려드는
메마른 감정
달팽이는 세상이 두려워
남아 있는 그대 그리움 안고
길고 긴
고독의 시간 속으로 숨는다

— 우현식, 「달팽이의 고독」 전문

우리들도 달팽이처럼 숙명적인 멍에를 지고 간다. 그러나 내일을 꿈꾸면서 또 그리워하고 사랑하면서 살아간다.

그리움은 희망이다. 그리워한다는 것은 희망을 가지고 살아간다는 뜻일 것이다. 그리운 사람을 기다리면서 살아간다는 것은 행복한 일이다. 기다림은 또 다른 희망이니까….

인생길에서는 시시 때때로 찾아오는 고독감 또한 피할 수 없다. 그렇기 때문에 군중 속의 고독이라고 말하지 않는가? 달팽이를 통하여 우리들의 모습을 잘 묘사하고 있기 때문에 잔잔한 울림을 주고 있다.

난생처음으로
좁은 공간에
홀로 누워 있다
쿵쿵대던 엄마의 심장 소리가
점점 작아진다
좁고 아늑한 것이
다시 엄마의 배 속인가

사정이 있을 엄마를 생각해
조용히 기다려도 보고
울 때 뛰어오던 엄마를 생각해
목청껏 울어도 보고
밝은 곳을 향해
나름 기어가 보지만
처음 느껴지는 손길에 화들짝

엄마 품이 그리워 우는데
젖꼭지를 갖다댄다
어젯밤 엄마의 흐느낌이 스쳐 간다

낯선 이의 손길과 목소리에
궁금하지만
좀처럼 눈이 떠지지 않는다
두려움도 모른채 홀로 누워 있을 뿐

— 유세현, 「홀로 누워」 전문

엄마의 품에서 떠나 베이비박스로 가는 모습을 사실적으로 잘 묘사하였다. 1연 엄마의 뱃속, 2연 엄마와 헤어짐, 3연 엄마에 대한 그리움으로 구축되어 있다.

만남과 헤어짐이다. 눈물 없이는 볼 수 없는 이별 모습이다. 이 시를 통해 어쩔 수 없이 버려지는 아이에 대한 배려가 확산됐으면 좋겠다.

베이비박스는 생명을 구원하는 중요한 사역을 담당하고 있다. 많은 사람들이 베이비박스에 관심을 갖고 함께 동행하면 얼마나 좋을까! 한국베이비박스문인협회 회원들의 글은 순수한 사랑의 글이다. 영혼의 빛이다.

숨쉬기 어려운 하늘에서는 겨드랑이에
날개가 달린 두더지가 날아다녀요
튼튼하고 견고한 앞발로 구름을 조각내
오늘, 지붕이 없는 집을 짓는대요

난청을 앓고 있어 소리를 들을 수 없는
하늘, 그런 하늘을 닮은 땅에서는
날개를 잃고 나는 법을 잊은 갈매기가
땅 위를 저벅저벅 걸어 다니죠
말랑말랑한 땅 속을 걸어 다니며
바다는 더 이상 바다가 아니라네요

믿을 수 있나요? 말이 되냐고요

하늘에서는 두더지가 날아다니고
땅에서는 갈매기가 걸어 다니고
악보 속에서 발이 잘린 음표들이
튀어 나와 흥에 겨운 소리의 춤을 추고요

나뭇가지는 안테나 나무는 주파수를
맞추고 인간의 언어들을 해독 중

날아다니는 먼지가 인간의 조상이라면
인간은 죽어서 먼지가 되어
날 수 있을까요

우리가 한날한시 버리고 잊었던
믿음이라는 암호는
더 이상 해독 불능

— 윤봉덕, 「해독 불능인 암호」 전문

이 시에서 불가능한 이야기들이 등장한다. 공상의 세계를 보는 듯하다.

시는 상상력의 산물이다. 이런 상상력이야말로 시를 풍성하게 할 수 있는 재료이다. 두더지가 날고, 지붕 없는 집, 말랑말랑한 땅 등 재미있는 이야기는 동화의 나라에 온 듯하다.

시가 감동과 함께 이런 재미를 준다면 독자들에게 사랑을 받을 수 있을 것이다.

주문도 하지 않은
녹차라떼

강에는 녹차라떼
물결

바다에는 녹차라떼
파도

마시려는 임자
없어 넘치고 넘쳐 흘러

떼거리로 썩어가는
녹차라떼

누가 누가 다
마시나

자연은 말이 없고
애꿎은 민물고기, 바닷물
고기들만 마시고

두 눈 꿈뻑꿈뻑 둥둥
떠 있구나

사람이 만들었으니
사람이 마셔야 하건만

사람은 나 몰라라

물고기들만
실컷 마시고 배탈 나
죽어가는구나

— 이경상, 「녹차라떼」 전문

자연은 자연대로 두어야 한다. 환경을 파괴하고 이로 인해 녹조 현상이 여기저기에서 일어난다. 인간이 파괴한 자연 환경은 복원하기 힘들다. 이 시에서 환경파괴에 대한 안타까움을 잘 묘사하고 있다. 비유와 상징으로 교훈을 주는 작품이다.

어두운 골목 저 끝에
우리 아가 머무를 곳 보인다
힘겹게 힘겹게 살아온 삶
네가 없어도 힘은 들겠지?

입구에 다다르는 그 순간
우리 아기 웃는 모습 보이고
눈동자 마주친 순간
어미 맘 무너지며 가슴으로 운다

바라는 것 하나 없던 우리 아가
어미가 줄 수 있는 건 널 감싸고 있는
겉싸개뿐이구나

이 어미는 눈 감으면 떠오르는
아가 얼굴 그립고 애틋하여 눈물 흘리고
우리 아가 엄마 찾는 큰소리에
가슴 치며 눈물 흘린다

미안하다 미안해
수천 번 허공에 얘기하고
사랑한다. 사랑해
수만 번 혼잣말로 중얼거려본다

이 어미는 오늘도 무너지는
마음 추스를 길 없어 가슴으로 운다.

— 이미선, 「가슴으로 운다」 전문

어미가 아기를 두고 떠나는 가슴 아픈 이야기다. 하늘이 무너지는 아픔을 뒤로 하고 떠나는 모습이 선명하게 떠오른다. 양심의 가책을 느끼면서 가슴으로만 울고 있을 뿐이다.

세상에는 어쩔 수 없이 이루어지는 일이 얼마나 많은가? 허공을 바라보고 흐느끼는 어미의 모습은 독자들에게 어떻게 보일까?

진솔한 작품은 독자들에게 감동을 준다. 독자들과 쉽게 소통할 수 있는 작품이다.

지축이 기울어져 삐딱이 서 있어도
마음은 허리 펴고 올곧게 서고 싶다

저 푸른
대나무처럼
굳은 절개 지키며

욕심이 우물 가득 채워진 마음 샘에
두레박 던져 넣어 한가득 푸고 싶다

비워진
대나무처럼
검은 속을 비우며

— 이원구, 「대나무처럼」 전문

우리 민족이 지키고 이어온 시조이다. 시조는 우리 민족의 얼이다. 그래서 시조를 아끼고 사랑하는 데 모두가 동참해야 되리라 생각한다.

이 작품은 생각하게 하는 작품이다. 대나무에서도 배울 점이 하나둘이 아니다. 우리의 옛 선비들은 대나무 같은 곧은 마음으로 지조를 지키며 살아 왔다.

대나무는 올곧은 삶이다. 그리고 비워진 삶이다. 시조로서 형식과 내용이 조화를 이루는 작품이다.

시절의
흐름 속에 노을이 짙어가고
어둠에 쌓인 꽃잎
숨죽인 밤이건만
품 안의 아이의 꿈은
방랑길을 오른다

아비를 원망하랴
어미를 원망하랴
깜깜한 밤길 위에 빛 잃은 반딧불이
길 잃고 흐느껴 울며
행복 찾아 헤맨 날

순간을 외면하면 꽃잎이 떨어질라
가슴을 쥐어짜며
희망의 시를 쓰는
행복을 머금은 손길 두 손 모은 마음들

— 장선호, 「행복을 머금은 시인들」 전문

버려진 꽃잎은 '유기아'라는 것을 쉽게 알 수 있다. 원망할 겨를이 없다. 헤어짐과 만남이 순간일 뿐이다. 캄캄한 방랑의 길에서 빛을 찾는 순간이다. 천만다행으로 빛의 손길이 이들을 맞이하고 있다. 이들을 맞이하는 따뜻한 손길은 바로 베이비박스다.

베이비박스를 지지하고 후원하는 사람들은 행복을 심는 시인들이다. 희망의 시를 쓴 시인들은 한 줄기 빛이 되었다. 봉사를 통해 자칫 버려질 위기에 처한 생명을 거두게 되니 얼마나 보람된 일인가! 누구나 태어날 땐 사랑을 받기 위해 태어난다. 베이비박스를 찾아온 생명도 사랑 받아야 할 권리가 있는 아이들이다. 그 사랑을 찾아주는 일을 하는 사람들의 맑은 영혼이 시에 녹아들었다.

또 비유와 상징으로 나타낸 작품들이 주를 이루고 있다. 모든 작품 속에 주제의식이 뚜렷이 나타나 있어 잔잔한 감동을 주고 있다.

퍼렇게 날이 새기 전
새벽길 걸어 교회 문을 연다
을씨년스러운 예배실
묵념과 함께 젤 앞자리에 앉아
중보기도를 한다

고민하고 고뇌하는 마음을 털어버리고
내 마음과 다르게 흐르는 시간들을
붙잡고 중보기도를 한다
원하는 것을 기도하는 것이 아니라
믿음이 더 강해지기를 기도한다
유난히 추운 동장군 같은 칼바람 속에
더 이상 힘들어하지 않고 원하는 대로
믿는 대로 주께서 주시옵길 믿습니다
간절함이 더해 끝내 눈물을 흘리고
가슴 저 밑바닥을 차고 있는 응어리들을
하나둘씩 털어내며 기도한다
눈물을 거두며 한결 가벼워진 마음을 안고
가벼운 걸음으로 훤히 밝아오는 아침 길을
음미하며 귀가한다
아침 해가 밝아지듯 희망도 떠오르길 바라며—

— 정이란, 「새벽 기도」 전문

새벽 기도를 통하여 하루를 여는 화자의 마음이 잘 나타나 있다.

사랑과 강한 믿음이 담긴 기도 소리는 겨울 추위를 훈훈하게 녹이고 있다. 뜨거운 눈물을 쏟으며 회개하는 기도 소리가 들려오는 듯하다. 누구나 믿음 가운데 감사하는 마음으로 살아간다면 행복하지 않을까?

진실한 마음에서 우러나오는 시는 누구에게나 감동을 준다. 특히 삶의 현장에서 들려오는 진정한 목소리는 독자들에게 큰 울림으로 다가온다.

눈처럼 시리던 명주 치마
삼일 밤 지새우더니

꿈틀대는 열정 참을 수 없나
철부지 어릿광대 투정 부리나

겉치마 훌렁훌렁 벗어던지고
스르르 속치마 잡은 손 놓는다.

단벌 옷 생각 못하나
얼룩이 점 하나 잔주름 없건만

달빛에 피어나는 눈꽃처럼
요람을 헤치는 신생아 볼처럼

빛바래지 않은 눈부신 비단 치마
한 겹 두 겹 벗어던져 휴거하려나

— 최정호, 「목련 질 때」 전문

이 작품은 정형시이다. 우리 민족이 전통적으로 이어오는 시조이다. 시조는 일정한 형식에 의해 씌어져야 하기 때문에 내용의 제한을 받는다. 그래서 시조시인은 이중고를 겪는다. 그러나 이 작품은 매끄럽게 빼어 올린 작품이다. 형식과 내용의 자연스러움이라든지 매끄러운 리듬 등이 이 시를 수준작으로 만들고 있다.

그리고 비유와 상징이 돋보인다. 목련을 명주치마, 속치마 잡은 손 놓는다, 눈꽃, 신생아 볼, 비단 치마 등을 통하여 목련을 비유하고 있다. 목련이 지는 모습을 이미지화 하는

데 성공한 작품이라고 생각한다.

한국베이비박스문인협회는 이미 많은 사람들에게 주목을 받고 있다.

누구나 태어나면 사랑받을 권리가 있다. 그러나 어쩔 수 없이 버려진 아이와 미혼모의 아픔을 노래하고 있다. 한국베이비박스문인협회는 이미 시집 2권을 펴내서 사회적 관심을 유도하는 데 이바지한 바 있다.

한국베이비박스문인협회 회원들의 작품들은 한결같이 맑고 깨끗하다. 이러한 목적 글은 잘못하면 문학성을 잃을 우려가 있는데 이들은 이를 잘 극복하여 시다운 시를 쓰면서 시의 본질을 선명하게 하고 있다. 대부분의 작품에서 비유와 창조적인 상징으로 시적 미감을 최대한 확보하고 있었다. 각 작품마다 주제의 다양성과 선명성이 돋보였다.

마음의 밭을 일구는 이들의 노력이 결실을 맺어 많은 사람들이 동참하리라 믿는다. 시인은 사회의 선구자이다. 사회를 바르게 이끌어 나가야 할 책무가 있으며, 약자를 대변해야 할 의무도 있다. 언제나 올곧은 정신으로 나아가야 할 것이다.

『베이비박스에 희망을 싣고』 3집에도 좋은 작품들이 있어 독자들에게 큰 반응을 불러일으킬 것으로 믿으며 출간을 진심으로 축하한다.

# 베이비박스에 희망을 싣고 -제3집-

한국베이비박스문인협회

인쇄 1판 1쇄 2016년 11월 24일
발행 1판 1쇄 2016년 12월 1일

지 은 이 : 한국베이비박스문인협회
펴 낸 이 : 김천우
펴 낸 곳 : 도서출판 천우
등 록 : 1992. 2. 15. 제1-1307호
주 소 : 서울시 성동구 무학봉28길 6 금용빌딩 2F
전 화 : 02)2298-7661
팩 스 : 02)2298-7665
http://www.moonhaknet.com
E-mail : chunwo@hanmail.net



값 15,000원



ISBN 978-89-7954-655-2

이 도서의 국립중앙도서관 출판예정도서목록(CIP)은 서지정보유통지원시스템 홈페이지(http://seoji.nl.go.kr)와 국가자료공동목록시스템(http://www.nl.go.kr/kolisnet)에서 이용하실 수 있습니다. (CIP제어번호: CIP2016029199)